基于强化传热的沥青路面抗车辙提升技术

邓海斌 杜银飞 著

中国建材工业出版社

图书在版编目（CIP）数据

基于强化传热的沥青路面抗车辙提升技术/邓海斌，杜银飞著．--北京：中国建材工业出版社，2022.2
ISBN 978-7-5160-3410-1

Ⅰ.①基… Ⅱ.①邓…②杜… Ⅲ.①沥青路面－车辙－研究 Ⅳ.①U416.217②U418.6

中国版本图书馆 CIP 数据核字（2021）第 254497 号

基于强化传热的沥青路面抗车辙提升技术

Jiyu Qianghua Chuanre de Liqing Lumian Kangchezhe Tisheng Jishu

邓海斌　杜银飞　著

出版发行：中国建材工业出版社
地　　址：北京市海淀区三里河路 1 号
邮　　编：100044
经　　销：全国各地新华书店
印　　刷：北京鑫正大印刷有限公司
开　　本：710mm×1000mm　1/16
印　　张：10.25
字　　数：240 千字
版　　次：2022 年 2 月第 1 版
印　　次：2022 年 2 月第 1 次
定　　价：59.80 元

本社网址：www.jccbs.com，微信公众号：zgjcgycbs
请选用正版图书，采购、销售盗版图书属违法行为
版权专有，盗版必究。本社法律顾问：北京天驰君泰律师事务所，张杰律师
举报信箱：zhangjie@tiantailaw.com　举报电话：（010）68343948
本书如有印装质量问题，由我社市场营销部负责调换，联系电话：（010）88386906

前言

沥青路面病害统计结果表明，车辙是高等级公路最主要的病害之一。我国80%沥青路面的大、中修都与车辙有关。车辙影响行车安全性，明显降低沥青路面的使用寿命，增加维修费用，甚至引起路面的结构性破坏等其他次生病害。

工程实践中往往采用一些提高沥青或沥青混合料高温性能的方式来提高沥青路面的抗车辙性能，但在降低路面高温延缓抑制车辙形成和发展方面考虑较少。为此，作者在浙江省公路与运输管理中心科技项目（2019H12）的资助下，研究沥青路面内的强化传热方式以及提高沥青混合料的高温性能措施，有效提高了沥青路面结构的整体抗车辙性能。

全书共分为6章：第1章绪论，第2章粉体型低导热沥青混合料的选择与性能评价，第3章灌注式低导热沥青混合料性能评价，第4章钢纤维沥青混合料的设计与性能评价，第5章基于强化传热的沥青路面的温度场和车辙模拟，第6章基于强化传热的沥青路面抗车辙提升技术研究的工程应用。本书在编写过程中得到了中南大学土木工程学院硕士生王嘉诚、代明欣和本科生徐凌的帮助，在此表示感谢。同时，本书的出版还要感谢浙江省公路与运输管理中心、湖州市公路与运输管理中心的支持。

由于作者水平有限，书中若有不妥之处，恳请读者批评指正。

著 者
2021年12月

目 录

1 绪论
- 1.1 研究背景　　003
- 1.2 国内外同类技术研究现状　　005
- 1.3 主要研究内容和技术路线　　009

2 粉体型低导热沥青混合料的选择与性能评价
- 2.1 粉煤灰漂珠低导热沥青胶浆和混合料的性能评价　　015
- 2.2 玻璃微珠低导热沥青胶浆和混合料的性能评价　　054
- 2.3 本章小结　　075

3 灌注式低导热沥青混合料性能评价
- 3.1 大空隙沥青混合料的制备　　079
- 3.2 水泥基灌浆材料性能测试　　081
- 3.3 导热系数测试　　084
- 3.4 动态蠕变试验　　085
- 3.5 低温弯曲试验　　088
- 3.6 半圆弯曲疲劳性能　　090
- 3.7 本章小结　　093

4 钢纤维沥青混合料设计与性能评价
- 4.1 钢纤维沥青混合料制备　　097
- 4.2 导热性能评价　　103
- 4.3 高温性能评价　　106
- 4.4 疲劳性能评价　　108
- 4.5 低温抗裂性能评价　　111
- 4.6 CT扫描获取钢纤维分布　　113
- 4.7 本章小结　　119

5 基于强化传热的沥青路面温度场和车辙模拟
- 5.1 有限元模型　　123
- 5.2 灌注式低导热沥青混合料模拟　　127
- 5.3 钢纤维沥青混合料模型　　130
- 5.4 强化传热复合路面结构模拟　　133
- 5.5 本章小结　　136

6 基于强化传热的沥青路面抗车辙提升技术研究的工程应用
- 6.1 项目工程背景　　139
- 6.2 上面层配合比设计　　141
- 6.3 下面层 Superpave 配合比设计　　143
- 6.4 路面施工　　145
- 6.5 试验段工后检测　　150
- 6.6 试验段车辙跟踪观测　　154
- 6.7 社会效益与经济效益分析　　156
- 6.8 本章小结　　158

1

绪　论

1.1 研究背景

近年来，我国的公路建设事业飞速发展，取得了令人瞩目的成就。交通运输部公布的《2020年交通运输行业发展统计公报》显示，2020年年末全国公路总里程达 $5.1981×10^6$ km，其中国道里程 $3.707×10^5$ km，省道里程 $3.827×10^5$ km。与这些令人瞩目成绩形成对比的是，沥青路面早期病害频繁发生，造成路面实际寿命与设计寿命相比大大缩短。以高速公路为例，我国60%的高速公路10~12年需要大、中修，17%的高速公路6~8年就需要大、中修。

沥青是一种具有温度敏感性的黏弹性材料，与抗车辙性能密切相关。其混合料的抗剪强度随温度升高而降低，造成高温下沥青路面非常容易出现严重的车辙病害（图1.1）。沥青路面病害统计结果表明，车辙是高等级公路最主要的病害之一。我国80%沥青路面的大、中修都与车辙有关。它除了能够影响行车辆安全性，增加维修费用外，车辙甚至能够引起路面的结构性破坏等其他次生病害。

图1.1 某道路严重的车辙现象

然而，工程实践中往往采用一些提高沥青/沥青混合料高温性能的方式来提高沥青路面的抗车辙性能，忽视了路面内部高温对车辙的形成和发展的重要影响。针对车辙对路面造成的严重危害，以及目前车辙处治方案针对性不足的缺陷，有必要根据其产生机理改进现有的车辙处治方案，助推公路路面结构整体的抗车辙能力的升级。

本书从改变沥青混合料的导热性能出发,强化沥青路面内的取向传热方式,阻止上面层内热量向下面层传递,并加速下面层内热量向基层和路基的传递,减少路面内的热量积累,降低路面内部温度。同时,通过改进上、下面层沥青混合料的配合比设计,提高沥青混合料的高温性能。通过上述两种方式,有效提高沥青路面结构的整体抗车辙性能。

1.2 国内外同类技术研究现状

1.2.1 沥青路面抗车辙措施研究现状

国内方面,在减轻路面车辙的措施中,主要集中于提高沥青混合料的模量和强度,如采用高模量改性沥青、橡胶沥青、温拌沥青以及抗车辙剂等。有研究表明,再生沥青混合料比热拌沥青混合料有更好的抗车辙性能。沥青混合料的级配同样会影响车辙的发生,但采用骨架密实型结构和间断级配橡胶沥青混合料均可以降低车辙。改变常规路面结构可以降低车辙,如 CRC+AC 复合式路面结构,在面层和半刚性基层之间设置沥青稳定碎石排水基层和联结层两种功能层、钉扎路面结构等。

国外对车辙的防治,主要集中于集料特性、沥青种类、级配、混合料种类以及路面结构等内在因素方面。

从影响车辙的沥青混合料材料上来看,很多研究人员通过向混合料内掺加不同种类的添加剂或其他材料来提高混合料的抗车辙能力,如含有 RAP 的橡胶沥青混合料、含有 RAP 的 SBS 改性沥青混合料、有废塑料瓶的 SMA 混合料、有温拌剂的橡胶沥青混合料等。

从沥青混合料结构上来看,集料的棱角性会影响混合料的抗车辙能力,并且集料的棱角性越好,相互间的嵌挤性越好,混合料的抗车辙能力越高。Khedr 等认为通过限制区上方的细级配的沥青混合料的抗车辙能力较差,而 Kim 等认为限制区并不是影响混合料抗车辙能力的因素,而集料的细度则能影响混合料的抗车辙能力。

此外,还可以从对路面结构进行处理来减少车辙,如用白色罩面来处置发生车辙的沥青路面;将级配碎石层置于水泥处治基层上形成倒置路面结构;在永久性沥青路面上每 10 年进行一次罩面来消除车辙。

1.2.2 凉爽沥青路面技术研究现状

从减少路面内积热的途径来看主要分为三类:①减少进入路面内的热量,包括凉爽路面以及阻热路面；②吸收路面内的热量，包括相变储热材料和能量收集路面；③释放路面内的热量，向大气释放热量是指透水路面，向路基释放热量是指沥青路面梯度热导率结构。其具体来讲，主要是指：

（1）热反射路面技术

目前的热反射路面技术，主要包括浅色路面技术、热反射涂层、彩色薄沥青层和热致变色涂层等。其中，浅色路面技术除了包括浅色系的热反射涂层外，还包括采用浅色集料或沥青的碎石封层或者对路表进行主动磨蚀等。

热反射涂层将可见光和近红外光一起反射回大气，能够达到较高的应用效果。由于可见光被反射，很容易对交通驾驶员造成眩光，影响驾驶安全，并且影响环境美化。为此，研究人员通过颜色调配逐渐发展了深色系的热反射涂层。而照射到粗糙路表的太阳光经漫反射被周围的建筑物吸收后会形成二次热污染，故此，可逆性反射材料有望在沥青路面上得到应用。但是，使用一段时间后，涂层的反射效果会逐渐降低。

国内方面，重庆交通大学的唐伯明、长安大学的郑木莲以及哈尔滨工业大学的冯德成等应用钛白粉等金属氧化物制得高反射涂层并应用在沥青路面上，可降低路表温度9℃以上。

彩色薄沥青层与反射涂层有相似的原理，Synnefa等制得了绿色、红色、黄色、灰白色和米色5种颜色的薄沥青层，降低沥青路面的温度最大可达12℃。

对热致变色涂层应用于路面的研究还不多。Karlessi和Hu选用热致变色颜料制得了热致变色涂层，并应用在沥青路面上。然而，对太阳辐射特别是紫外线的吸收容易造成热致变色颜料的化学链断裂，丧失热变色效果。

（2）透水路面

透水路面一般采用空隙率达20%以上的开级配沥青混合料，降水在路表以蒸发的方式向大气释放热量，路面内的热量减少，路表温度降低。路面的高空隙率容易被堵塞，影响其使用性能；高空隙率还容易加速沥青的老化。此外，在车辆荷载作用下，路面内的空隙逐渐减小，极易发生车辙，因而只能用于城市街道、停车场、路肩等部位。当天气干燥时，由于透水路面表面更为粗糙，反射率更低，同时其路表的对流更强，因此，透水路面能否改善热岛效应取决于多吸收的太阳辐射和对流散热之间的关系。

（3）相变储热材料

国内外研究人员通过将聚乙二醇等相变材料直接掺入或者膜层封装后掺入沥青混合料中。试验结果表明，相变材料能够改变沥青混合料的热物参数并降低路表温度。

(4) 太阳能集热路面

用太阳能集热技术进行路面降温是近几年才发展起来的技术。夏季冷水与管道进行热交换后，管道温度降低，并带动路面温度降低。路面的降温效果受管道流体流速、温度、深度和间距等多种因素的影响。太阳能集热路面的初期投资较大，并且由于铺筑较为麻烦，只能用于对铺筑时限无要求的路段。由于路面内设置了管道，路面的整体受力情况发生变化，不利于结构的抗车辙。

Pascual-Muñoz 在中面层设置大空隙的沥青混合料，向内部通入冷水，通过冷水带走路面内的热量从而降低路面温度。

(5) 能量转化沥青路面

长安大学王朝辉利用 tourmaline 的释放负离子、自发极化效应和压、热电性的优良特性，使沥青路面能够将部分热能或机械能转换为电能和辐射能，从而有效降低沥青路面温度。

1.2.3 热量诱导沥青路面

东南大学王声乐教授首次建立反 V 形的沥青路面梯度热导率结构，可以对沥青路面内的热量流动进行主动调控，由此来缓解城市热岛效应。学者杜银飞提出了基于石墨粉体的沥青路面双向热诱导结构，并向路面内植入对齐钢棒来加速热量向基层和路基的传递。该技术通过高导热沥青混合料和低导热的沥青混合料的组合应用，可以在减少热量进入沥青路面内的同时加快沥青路面内部热量向基层和底基层的传递，从而实现对沥青路面内的热量流动的主动调控。该技术具体包括高导热和低导热的沥青混合料两个部分。

(1) 高导热沥青混合料

向普通沥青混合料内加入高导热材料是提升沥青混合料导热性能最为常用的方法，一般可分为以下五种形式：①直接向沥青中添加高导热材料（如碳纳米管、石墨烯以及纳米金属氧化物）；②直接或以代替矿粉的形式向沥青混合料中添加高导热粉体（如炭黑和石墨）；③直接向沥青混合料中添加高导热纤维（如钢纤维和碳纤维）；④代替部分集料（如钢渣）；⑤上述方式共同使用（如石墨/碳纤维和钢渣/钢纤维），以发挥对导热性能的协同增强效应。表 1.1 给出了部分文献中沥青混合料导热系数的提升效果。

表 1.1　沥青混合料导热系数的提升效果

导热填料	掺量	提高幅度
石墨烯	沥青质量的 2%	85.56%（沥青）
炭黑	沥青体积的 26%	42.60%~45.40%
石墨	混合料体积的 4.8%	43.00%
钢纤维	沥青质量的 6%	10.20%
碳纤维	沥青质量的 4%	30.20%
钢渣	替换集料体积的 6%	8.33%
石墨和碳纤维	沥青体积的 20%（石墨）和 1%（碳纤维）	25.07%
钢渣和钢纤维	集料体积的 30%（钢渣），沥青体积的 6%（钢纤维）	大约 28.00%

由表 1.1 可以看出，高导热填料能够不同程度地提高沥青混合料的导热性能。然而，某些研究者则认为上述部分高导热材料（如钢渣、钢刨花和钢纤维）会降低沥青混合料的导热性能。

（2）低导热沥青混合料

目前，降低沥青混合料导热系数的方式主要是采用低导热材料来替代集料或矿粉或者增大沥青混合料的空隙。但有些研究表明：上述方法虽然能够降低沥青混合料的导热系数，但是往往会造成沥青混合料路用性能的下降，影响路面的使用寿命。

1.3 主要研究内容和技术路线

本书基于浙江省湖州市干线公路沥青路面容易发生车辙的现实问题,在上下面层中选择合适的高/低导热材料,并进行混合料设计,从整体结构抗车辙性能最优的角度进行路面层的结构设计,并提出相应的现场施工工艺及质量评定指标,为提高湖州市养护沥青路面的抗车辙性能提供借鉴。主要内容及方案如下。

1.3.1 国内外研究现状调研

通过文献查阅、实体工程考察等方式对已有的养护沥青路面车辙的现况进行调研。主要的调研内容包括:

(1) 新建沥青路面的抗车辙措施

分析总结目前新建沥青路面的抗车辙措施,可为本书中养护沥青路面的抗车辙措施提供借鉴。

(2) 沥青路面降温方式

针对车辙的发生机理,调研目前已有的路面降温方案,为优化本书从路面降温和提高混合料高温性能两个角度提高路面抗车辙性能的方法提供新思路。

1.3.2 阻热层沥青混合料材料设计与性能评价

(1) 采用扫描电镜、傅里叶红外光谱、X射线衍射等手段对所选择的粉煤灰漂珠、玻璃微珠的成分和微观形态进行试验分析。

(2) 采用DSR对含粉煤灰漂珠和玻璃微珠的沥青胶浆高温和疲劳性能进行试验研究。

(3) 采用多功能材料综合试验系统和导热系数测试仪进行含粉煤灰漂珠和玻璃微珠的沥青混合料的动态蠕变、动态模量、低温弯曲、半圆弯曲等路用性能和导热性能的试验研究。

（4）在三种空隙率下，大空隙沥青混合料基体内灌注水泥基材料，采用UTM和导热系数测试仪进行灌注式沥青混合料的动态蠕变、低温弯曲、半圆弯曲等路用性能和导热性能评价。

1.3.3　钢纤维沥青混合料的材料设计与性能评价

选用三种钢纤维，按照不同掺量分别成型沥青混合料试件，提出相对应的压实水平。然后基于该压实水平，进行钢纤维沥青混合料的导热和路用性能评价，提出较优的钢纤维类型和掺量。最后基于CT扫描结果，分析钢纤维在沥青混合料内的分布状态。

1.3.4　沥青路面温度与车辙深度的有限元模拟

（1）沥青路面温度的数值模拟

采用ABAQUS有限元软件建立沥青路面热量传递数值分析模型，其中钢纤维沥青混合料为非均质有限元传热模型。根据实测的阻热和导热层材料的热物参数，进行强化传热结构温度场的数值模拟。

（2）沥青路面车辙深度的数值模拟

测试灌注式混合料和钢纤维沥青混合料的弹性和蠕变参数，将上述热传递模型中的瞬态温度场直接用于车辙深度的计算模型中。根据不同结构沥青路面的车辙深度，评价沥青路面强化传热结构的温度调控对车辙深度的影响。

1.3.5　沥青路面强化传热结构施工工艺与质量评定

针对国道318湖州段交通量巨大、车辙非常严重的问题，采用本书的强化传热结构进行试验段铺筑。在沥青混合料配合比设计的基础上进行钢纤维沥青混合料和灌注式混合料的铺筑，并埋设温度传感器进行温度监测。

技术路线如图1.2所示。

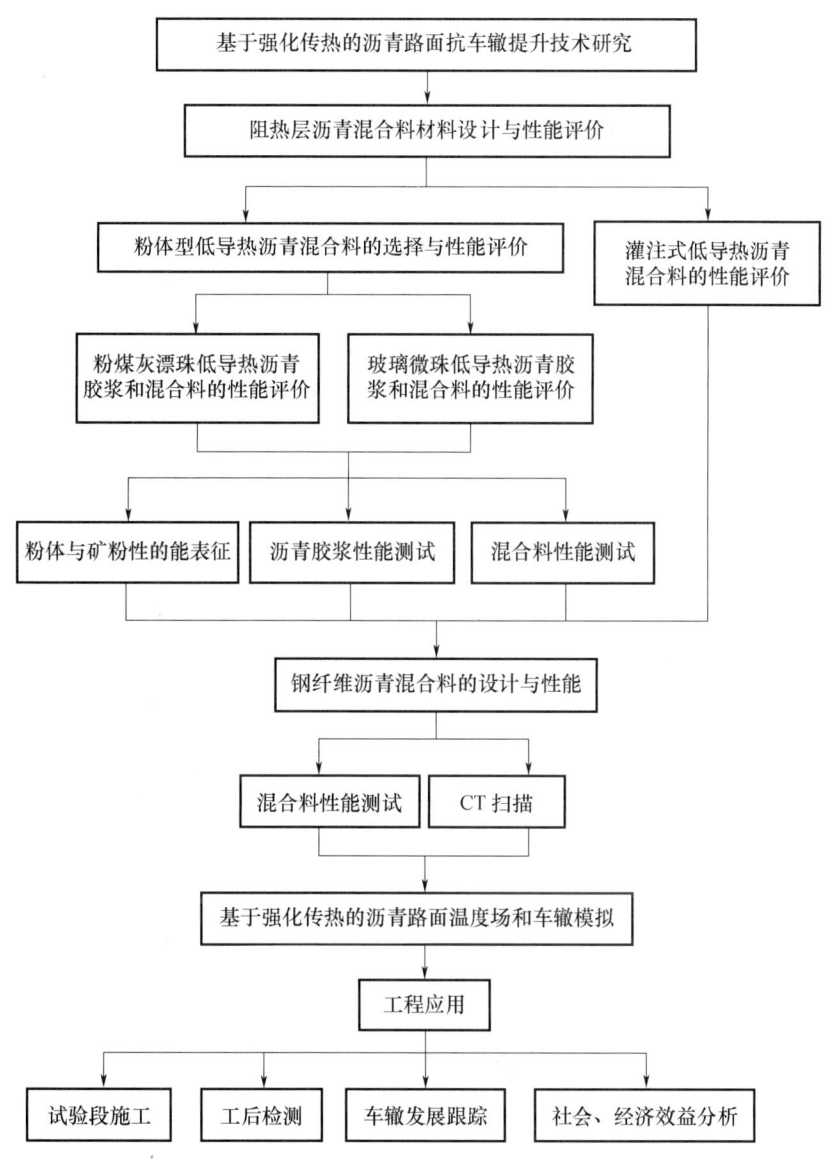

图 1.2 技术路线

2 粉体型低导热沥青混合料的选择与性能评价

工程实践表明，车辙往往发生在沥青路面的中、下面层，因此，可以制备一种阻热式沥青混合料用于沥青路面的上面层，以减少进入沥青路面内部的热量。沥青混合料是一种由集料、沥青、填料和外掺剂组成的复杂体。沥青、集料本身的导热系数在常温下变化很小，所以沥青混合料导热性能的改变主要依赖于填充物的导热系数的高低、填充物在沥青基体中的分布以及与沥青基体的相互作用。室温下，空气的导热系数很小，远低于其他材料。一般情况下，为了降低隔热材料的导热系数，最常用的方法是在材料中引入无对流空气，应用此方法得到的材料具有良好的隔热效果。粉煤灰漂珠和玻璃微珠等填料都具有中空的结构，因其导热系数低，所以广泛应用于隔热材料。

基于此，本书用粉煤灰漂珠和玻璃微珠置换沥青混合料中的部分矿粉，以达到降低沥青混合料导热系数的效果，并对它们分别进行性能评价和比选。

2.1 粉煤灰漂珠低导热沥青胶浆和混合料的性能评价

针对粉煤灰漂珠的中空球形结构，为充分发挥其低导热特性，制备低导热沥青路面，构筑热量诱导沥青路面，以此来降低沥青路面内部热量积聚。因此，本小节对比了粉煤灰漂珠和矿粉的微观成分差异，并对掺入粉煤灰漂珠的沥青胶浆及混合料的导热系数、高温性能、动态性能、低温性能和疲劳性能进行测试。

2.1.1 粉煤灰漂珠和矿粉的性能表征

（1）密度测试

密度是评价填料物理特性的主要技术指标之一，与填料的矿物组成和形态结构相关。根据《公路工程集料试验规程》（JTG E42—2005）中的 T 0328—2005 标准，对矿粉密度采用容量瓶法进行测量。

由于粉煤灰漂珠和玻璃微珠的密度均小于水和煤油，此方法不再适用。针对这种密度小于煤油的轻质填料，本书提供了一种测量轻质填料表观密度的简便装置及其应用方法，装置包括水平底座、支撑柱、悬臂夹具、下压刻度柱、超滤膜封口袋、烧杯和恒温水槽。应用时，测量及记录需要的数据，然后根据相应公式进行密度计算，那样测量的精确性高。该装置和测量方法已申请发明专利，详细信息可见发明专利书《一种测量轻集料粉末表观密度的简便装置及其应用方法》（201910208988.3）。

采用上述方法测试得到粉煤灰漂珠的密度为 $0.72g/cm^3$，矿粉的密度为 $2.75g/cm^3$，可见，粉煤灰漂珠的密度远小于矿粉。

（2）填料的粒径分析

填料的粒径决定了其比表面积的大小，进而影响填料与沥青的接触黏结面积，填料的粒径分布无疑对沥青胶浆高、低温性能有较大的影响。为了对比粉煤灰漂珠、玻璃微珠与矿粉粒径分布的差异，本书采用激光粒径分析仪（美国 Malvern 仪器有限公司，型号：Hydro 2000MU）对填料的粒径分布情况进行了测试，如图 2.1 所示。激光粒径仪的工作原理是通过颗粒对光的衍射或散射光的空间分布来定量分析颗粒大小，测试范围为 0.022~2000μm。

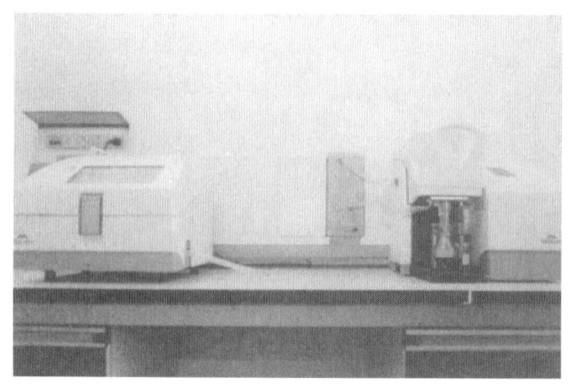

图 2.1　激光粒径仪

矿粉和粉煤灰漂珠的粒径分布曲线如图 2.2 所示。

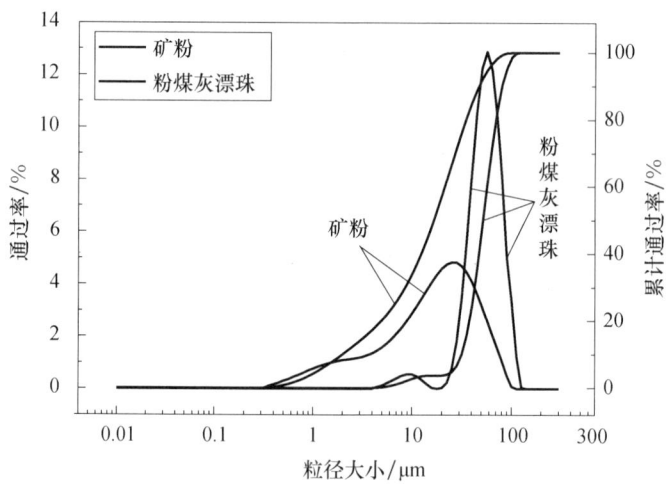

图 2.2　矿粉和粉煤灰漂珠的粒径分布曲线

从图 2.2 中可以看出，矿粉和粉煤灰漂珠的粒径分布情况不同。矿粉和粉煤灰漂珠的最大通过率所对应粒径尺寸分别是 25μm 和 56μm。矿粉的粒径整体分布范围为 0.32~100.24μm。粉煤灰漂珠的粒径整体分布范围为 4.48~126.19μm。相比矿粉，粉煤灰漂珠的粒径更大，分布范围更狭窄。这意味着粉煤灰漂珠的细度更小，颗粒大小更加均匀。

(3) 填料比表面积测试

比表面积也是评价填料物理性质的重要指标之一，比表面积直接影响沥青与填料界面之间的吸附数量和黏附效果。由于不同填料在粒度、表面构造等方面存在较大差异，其比表面积也相差较大，对沥青混合料性能的影响也各不相同。本书通过比表面积分析仪（图2.3）来评价矿粉和粉煤灰漂珠和玻璃微珠比表面积的差异性。

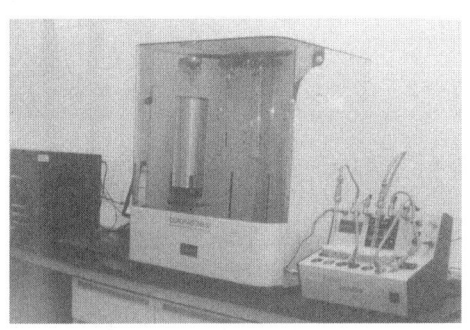

图2.3 比表面积分析仪

矿粉和粉煤灰漂珠的表面积特性如表2.1所示。

表2.1 矿粉和粉煤灰漂珠的表面积特性

填料类型	比表面积/（m²/g）	表面积平均粒径/μm	体积平均粒径/μm	密度/（g/cm³）
矿粉	1.13	5.32	20.96	2.75
粉煤灰漂珠	0.15	41.40	53.30	0.72

从表2.1可以看出，虽然粉煤灰漂珠的密度远小于矿粉的密度，但是它的比表面积也远小于矿粉的比表面积。另外，粉煤灰漂珠的表面积平均粒径和体积平均粒径均大于矿粉的表面积平均粒径和体积平均粒径，这也证明了粉煤灰漂珠的粒径要比矿粉的粒径大。

粉煤灰漂珠的粒径分布和表面积特性表明，它与沥青的接触面积小于矿粉与沥青的接触面积。接触面积的减小降低了填料与沥青的吸附能力和黏附效果，这也许会降低沥青胶浆的高温稳定性。

(4) 填料微观形态

填料的微观形状、表面纹理和棱角构造对于沥青胶浆流变特性具有显著的影响。填料的表面特性也将直接决定沥青混合料中最佳沥青含量的大小，从而影响沥青混合料的路用性能。为了研究矿粉和粉煤灰漂珠的微观形态差异，本书采用环境扫描电子显微镜（图2.4）对填料颗粒表面构造进行了分析。

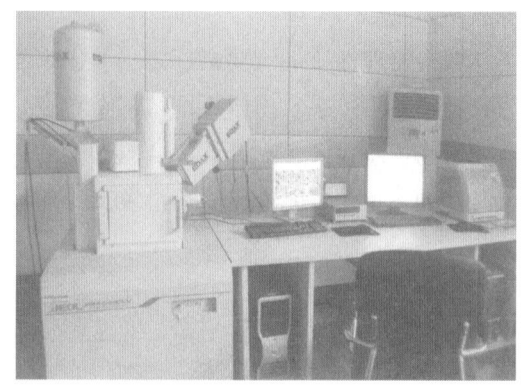

图 2.4　环境扫描电子显微镜（简称环境扫描电镜）

环境扫描电镜试验结果如图 2.5 所示。

(a) 矿粉

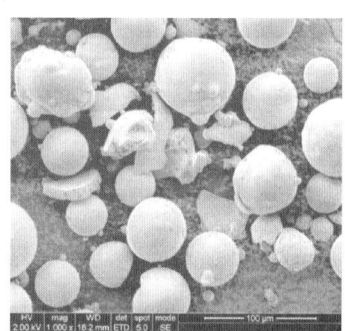
(b) 粉煤灰漂珠

图 2.5　环境扫描电子显微镜图像

根据环境扫描电镜图像可知，这两种填料有着不同的表面结构和颗粒形貌。矿粉颗粒的形状更不规则，尺寸大小相差较大。在团聚颗粒的表面可以观察到不同大小和形状的孔隙和裂缝，颗粒表面构造较为发育。同时，颗粒之间也存在大量的间隙孔。这使矿粉颗粒具有较大的比表面积，提高了其对沥青的黏附能力。相比之下，粉煤灰漂珠颗粒具有更均匀的粒径分布，这一点在粒径测试结果中已得到验证。除部分球壳碎片外，大部分颗粒呈球形，这也是粉煤灰漂珠比表面积较低的原因。同时也可以观察到，漂珠球体颗粒的表面相对光滑，只有碎裂的球壳上有一些微孔。颗粒之间相互独立，间隙孔较少。

矿粉和粉煤灰漂珠在颗粒形态和表面构造上的差异，直接决定了它们与沥青的浸润和裹覆效果，最终会影响沥青胶浆和沥青混合料的性能。

（5）元素成分测试

填料的化学组成对其与沥青之间的物理、化学反应具有重要的影响。因此，填料的化学组成特性是评价填料应用于沥青混合料可行性的重要指标之一。采用 X 射线荧光光谱分析（XRF）对填料的化学元素组成进行了测试。图 2.6 为 X 荧光光谱仪。

图 2.6　X 荧光光谱仪

表 2.2 显示了矿粉和粉煤灰漂珠以氧化物形式存在的 XRF 结果。该结果表明，CaO 是矿粉的主要化学组成，含量接近 55%，矿粉中其他氧化物的含量均低于 1%。粉煤灰漂珠的主要成分为 SiO_2 和 Al_2O_3，占总质量的 81%。另外三种主要成分 Fe_2O_3、K_2O 和 TiO_2，总质量百分比小于 5%。

表 2.2　矿粉和粉煤灰漂珠的 XRF 成分测试结果（质量百分比）（单位:%）

组分	SiO_2	CaO	MgO	Al_2O_3	Fe_2O_3	K_2O	CuO	S	TiO_2	其他氧化物	灼烧损失
矿粉	0.196	55.216	0.683	0.087	0.045	0.014	0.008	0.009		0.038	43.673
粉煤灰漂珠	50.571	0.818	0.403	31.204	2.136	1.540	0.02	0.108	1.088	1.009	11.011

(6) 物相测试

填料的化学组成决定了其与沥青之间的物理化学反应能力，但沥青胶浆的性能还与填料的晶体结构相关。填料中晶体的结构越稳定，其与沥青的界面交互作用越不明显。因此，本书利用 X 射线衍射技术（XRD）测试不同填料的晶体结构与物相组分，分析其对沥青胶浆性能的影响。图 2.7 为 X 射线衍射仪。

如图 2.8 所示，从矿粉的 XRD 图谱中可以鉴别出方解石（$CaCO_3$）、白云石（$CaMg[CO_3]_2$）和莫来石（$3Al_2O_3 \cdot 2SiO_2$），其中大部分物相为方解石。同样，可从粉煤灰漂珠的 XRD 图谱中找到方解石、莫来石和石英（SiO_2）的晶体结构。相比之下，莫来石在粉煤灰漂珠的物相中比例最大。

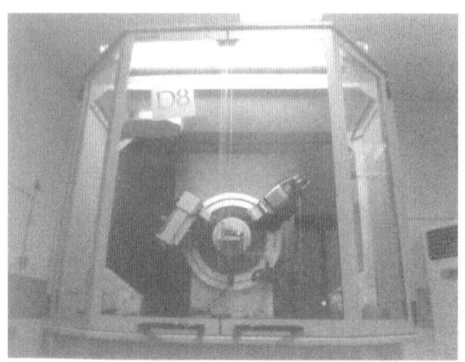

图 2.7　X 射线衍射仪

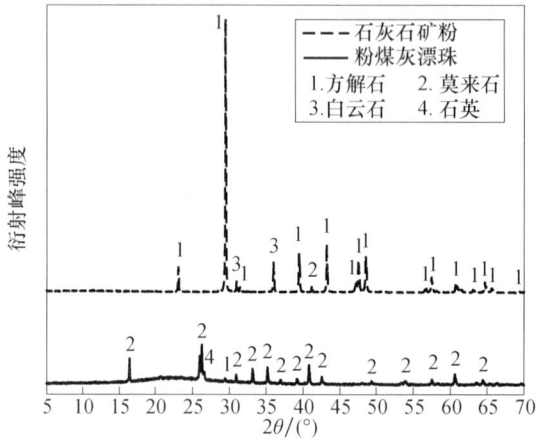

图 2.8　填料的 XRD 图谱

2.1.2　粉煤灰漂珠低导热沥青胶浆性能测试

（1）沥青胶浆制备

本项目中所用沥青胶浆均采用高速剪切机进行搅拌制备，试验设备见图 2.9。

沥青胶浆的具体制备工艺如下：将沥青放入烘箱中缓慢加热，烘箱温度设为 150℃，待沥青完全变成熔融流动状态，取出沥青置于温度设为 150℃ 左右的电炉上，在高速剪切仪低速搅拌下，按比例慢慢加入填料，使填料初步分散于沥青中。待填料完全加入后，使用高速剪切仪高速搅拌 15min 左右，剪切速度设定为 4000r/min，使其充分混合，获得相应的沥青胶浆。

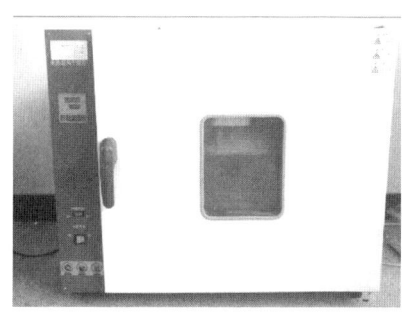

(a) 电热鼓风干燥箱　　　　　(b) 高速剪切仪

图 2.9　沥青胶浆制备设备

所用的石灰石矿粉和粉煤灰漂珠密度分别为 $2.78g/cm^3$ 和 $0.72g/cm^3$，两者的密度差距较大，采用等质量替代并不合理，因此，采用粉煤灰漂珠等体积替代矿粉的原则。保持粉胶比为 1∶2，制备了 5 种不同矿粉-粉煤灰漂珠比例的沥青胶浆，具体命名标号和掺量见表 2.3。

表 2.3　沥青胶浆组分质量百分比　　　　　（单位:%）

胶浆类别	替代比例	沥青	矿粉	粉煤灰漂珠
CM-1	0	100	120	—
Mastic-25F	25	100	90	8.3
Mastic-50F	50	100	60	16.6
Mastic-75F	75	100	30	24.9
Mastic-100F	100	100	—	33.2

（2）FTIR 测试

傅里叶变换红外光谱仪（Fourier Transform Infrared Spectrometer），简称红外光谱仪（FTIR），如图 2.10 所示。它的工作原理是利用迈克尔逊干涉仪获得入射光的干涉图，然后通过傅里叶数学变换，把时间域函数干涉图变换为频率域函数图，最终得到透过率或吸光度随波数或波长变化的红外吸收光谱图。红外光谱图可以反映物质所含的官能团以及所处的化学环境，通过对官能团区（400~4000 cm^{-1}）和指纹区（400~1300 cm^{-1}）的分析可以推断化合物的结构，分析复杂化学物质组成的稳定性。

以 CM-1、Mastic-50F 和 Mastic-100F 3 种胶浆作为样品，同时将填料和基质沥青也分别单独制成样品。6 种样品的傅里叶红外光谱测试结果如图 2.11 所示。

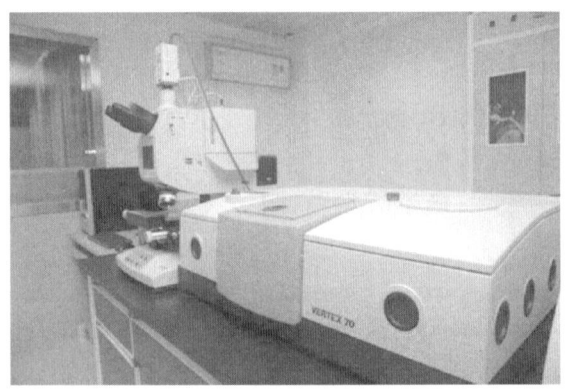

图 2.10　红外光谱仪

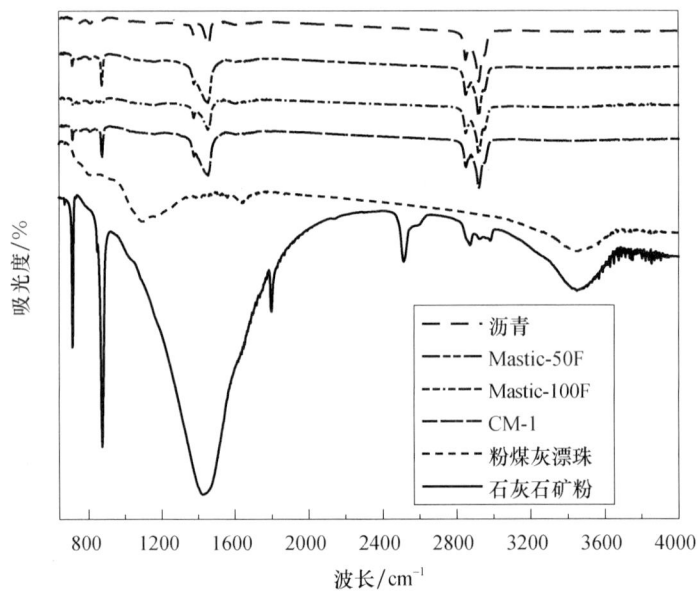

图 2.11　填料、改性沥青红外光谱图

由矿粉的红外光谱可知：矿粉在 700 cm^{-1} 附近、850 cm^{-1} 附近存在较强的尖锐型吸收峰，1450 cm^{-1} 附近为较强的圆滑型吸收峰，1800 cm^{-1}、2490 cm^{-1} 附近是较弱的尖锐型吸收峰，2830～2970 cm^{-1} 附近是连续分布的较弱小峰，3400 cm^{-1} 附近为较弱的圆滑型吸收峰。

由粉煤灰漂珠的红外光谱谱线可知：粉煤灰漂珠在 830 cm^{-1}、1640 cm^{-1} 附近存在较弱的开口较小的圆滑型吸收峰，在 1120 cm^{-1} 和 3410 cm^{-1} 附近存在较弱的开口较大的圆滑型吸收峰。整体来看，粉煤灰漂珠的红外光谱谱线没有明显的特征吸收峰。

图 2.11 表明，矿粉和粉煤灰漂珠在 $400\sim4000\mathrm{cm}^{-1}$ 的波数上具有不同的官能团，表明这两种填料具有不同的组分。

由基质沥青的红外光谱谱线可知：$2920\mathrm{cm}^{-1}$ 附近出现一个较强的尖锐型吸收峰，为亚甲基—CH_2—的反对称伸缩振动峰；$2850\mathrm{cm}^{-1}$ 附近出现的也是一个较强的吸收峰，峰型尖锐，为亚甲基—CH_2—的对称伸缩振动峰；$1600\mathrm{cm}^{-1}$ 附近的是一个微弱的吸收峰，反应为苯环骨架结构和 $C=O$ 键的振动峰；$1460\mathrm{cm}^{-1}$ 附近为强度中等的吸收峰，峰型尖锐，为甲基 C—CH_3 中 C—H 面内伸缩振动峰（变角振动）和 —CH_2— 中 C—H 面内伸缩振动峰（弯曲振动）；$1380\mathrm{cm}^{-1}$ 附件出现—CH_3 的对称变角振动吸收峰（剪式振动）；$900\sim650\mathrm{cm}^{-1}$ 之间出现的是苯环上 $=C$—H—面外摇摆振动吸收峰。

对比沥青胶浆的三条红外光谱谱线可以发现：沥青胶浆在 $1380\mathrm{cm}^{-1}$、$1460\mathrm{cm}^{-1}$、$2850\mathrm{cm}^{-1}$ 和 $2920\mathrm{cm}^{-1}$ 的波数附近有非常相似的吸收峰。添加矿粉的沥青胶浆（如 CM-1 和 Mastic-50F）在 $700\mathrm{cm}^{-1}$ 和 $850\mathrm{cm}^{-1}$ 的波数附近有新的吸收峰，表现出矿粉的特定吸收特性。添加了粉煤灰漂珠的沥青胶浆的红外光谱（如 Mastic-50F 和 Mastic-100F）在 $400\sim4000\mathrm{cm}^{-1}$ 的波数范围内没有新的吸收峰，表现出粉煤灰漂珠的特定吸收特性。

整体来说，掺加了矿粉与粉煤灰漂珠的沥青胶浆既包含了基质沥青的特征吸收峰，也包含了矿粉和粉煤灰漂珠的特征吸收峰，而且没有出现新的特征吸收峰，也没有旧的特征吸收峰消失，说明其所含主要官能团一致。可以判断在改性过程中粉煤灰漂珠、矿粉与基质沥青基本上是物理共混而没有发生化学反应，说明粉煤灰漂珠、矿粉与基质沥青化学兼容性良好。

(3) 导热系数测试

瞬态平面热源法是一种新的导热系数测试方法，它的优点包括：能满足各种试样的测试，可测试的导热系数范围大，测试时间短，精度高并且试验所需的试件制备简单。

采用基于瞬态平面热源法的 DRE-2C 型导热仪（湖南省湘潭仪器仪表厂）测量试件的导热系数（图 2.12）。在试验过程中，在两个试件之间放置一个测试探针，两个试件紧密接触。对每种试样进行三次平行试验，保证测试数据的准确性，平均结果作为测量的热导率。

为了准确地反映粉煤灰漂珠对沥青路面传热特性的影响，测定了不同粉煤灰漂珠掺量的沥青胶浆的导热系数，试验结果如图 2.13 所示。

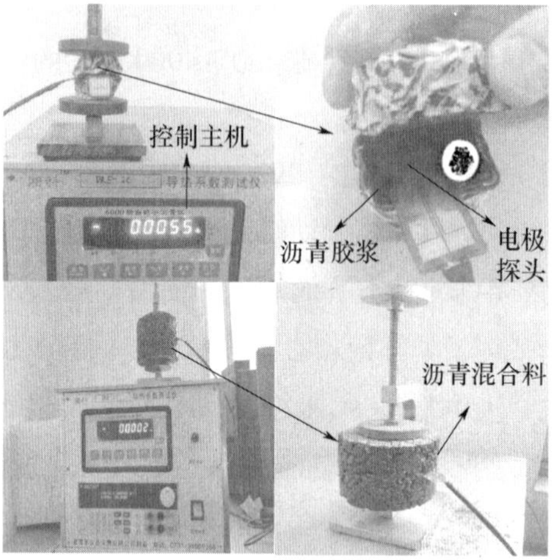

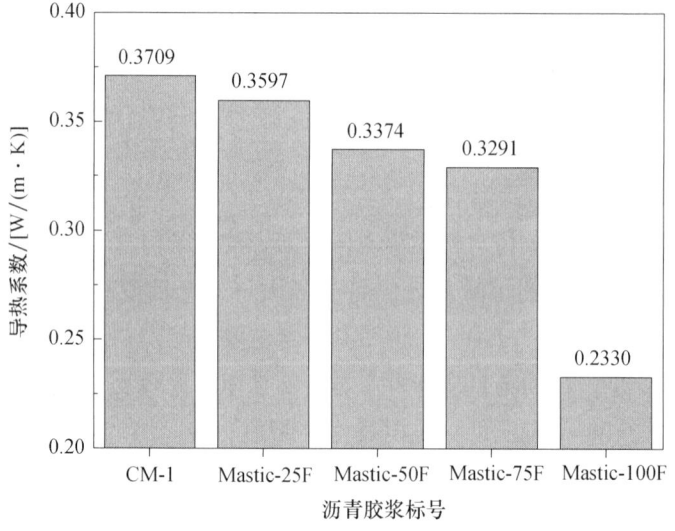

图 2.12　DRE-2C 型热导仪工作原理图

图 2.13　不同粉煤灰漂珠掺量的沥青胶浆导热系数

根据图 2.13 所示,粉煤灰漂珠完全替代矿粉后,Mastic-100F 的平均导热系数为 0.23W/(m·K),比常规矿粉沥青胶浆降低了 37.8%。粉煤灰漂珠沥青胶浆导热系数的降低表明,在沥青混合料中加入粉煤灰漂珠是减缓太阳热量在沥青路面中传递的一种有效的途径,有助于降低沥青路面的内部温度。

(4) DSR 流变试验及其原理

沥青的流变性质是随温域和频域的变化而变化的。较低的温度或频率下,沥青黏度增大,流动性降低,表现出较强的弹性性质;较高的温度或频率下,沥青表现出明显的塑性性质。沥青路面的高温车辙就是黏滞流动的变形累积。传统试验中通过沥青的三大指标（针入度、软化点、延度）来评价沥青性能，更多的是靠经验而非原理，没有联系到道路应用的性能和各地气候的差异，对聚合物改性沥青的测试结果有误导性。美国公路战略研究计划（Strategic Highway Research Program，SHRP）研究开发的动态剪切流变仪（Dynamic shear rheological，DSR）综合考虑了温度和加载时间对沥青性能的影响，通过测量试验过程中的应变（振幅）、应力、频率（速率）、时间、温度等参数，利用这些参数计算的相位角、模量、车辙因子、疲劳因子、损耗因子（阻尼）、黏度、柔量等指标来评价沥青的流变特性，具有很高的适用性。这一仪器及其关联的研究方法在沥青及沥青结合料的研究中得到了广泛的应用。

DSR 的工作原理很直观，沥青试样夹在来回振荡的旋转轴和固定板之间，测量转子在平衡位置进行正弦波的往复运动，对样品施加正弦波应变或正弦波应力，测量样品在此作用下的应力或应变响应，如图 2.14 所示。

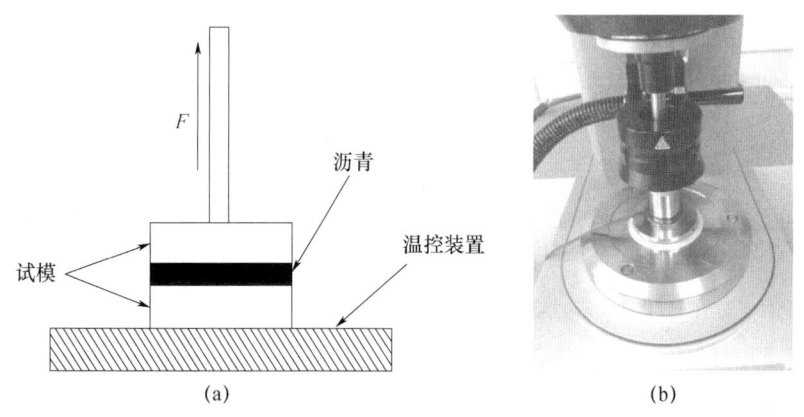

图 2.14　DSR 工作原理

沥青是一种典型的黏弹性材料。DSR 通过测定沥青材料的复数剪切模量（G^*）和相位角（δ）来表征沥青材料的黏性和弹性性质，这两个指标被认为是流变参数中的标杆。

复数剪切模量 G^* 是最大剪应力与最大剪应变的比率，代表沥青抵抗变形的总量，由复数表示：①实数 G' 表示弹性形变（可逆），是指材料发生形变时由于弹性形变而储存能量的大小，反映了材料的弹性大小，称为储能模量；②虚数 G'' 代表黏性形变（不可逆），是指材料发生形变时，由于黏性形变而损耗能量的大小，反映了材料的黏性大小，称为损耗模量。

$$G^* = \frac{\tau_{max}}{\gamma_{max}}, \text{ Pa}; \quad G^* = G' + iG''; \quad G' = G^*\cos\delta; \quad G'' = G^*\sin\delta \qquad (2\text{-}1)$$

施加的应力和由此产生的应变之间的时间滞后称之为相位角 δ，在矢量图中表现为与水平轴产生的夹角，是可恢复与不可恢复变形的相对指标。$\tan\delta$ 称为阻尼或损耗因子，是黏性相对弹性部分的比值，可以用来判断试样是凝胶体（$\tan\delta < 1$）还是流体（$\tan\delta > 1$）。当 $\tan\delta = 1$ 即 $G'' = G'$，表示黏性和弹性相等，此时为溶胶-凝胶转变点。

$$\delta = 360\frac{\Delta t}{T}, \text{ degrees}; \quad \tan\delta = \frac{G''}{G'} \qquad (2\text{-}2)$$

复合剪切柔量 J^* 为复合剪切模量 G^* 的倒数，类似于复合剪切模量的定义，实数 J' 称为储能柔量，表征加载过程中可恢复变形的大小；虚数 J'' 称为损耗柔量，表征加载过程中不可恢复变形的大小。

$$J^* = \frac{1}{G^*}; \quad J^* = J' - iJ''; \quad J' = \frac{1}{G^*/\cos\delta}; \quad J'' = \frac{1}{G^*/\sin\delta} \qquad (2\text{-}3)$$

J'' 越小，或者说 $G^*/\sin\delta$ 的值越大，沥青由于黏性变形的耗能越小，流动变形越小，抗车辙能力也就越强。SHRP 规范将 $G^*/\sin\delta$ 称为车辙因子，作为反映沥青材料抵抗永久变形的性能指标。

本书采用的是安东帕 SmartPave 102 沥青动态剪切流变仪（奥地利 Anton Paar 仪器公司），仪器及试样如图 2.15 所示。根据相关标准，如 AASHTO T315（SuperPave PG，SHRP-Tests）、AASHTO T316（Rotational Viscosity，CC）、AASHTO TP70/T350（MSCR-Test）和 AASHTO TP101（LAS-Test）等，对沥青胶浆分别进行了动态温度扫描、动态频率扫描、多应力重复蠕变恢复试验（MSCR）、线性幅度扫描试验（LAS），分析普通沥青和沥青胶浆在不同温度下的流变特性。

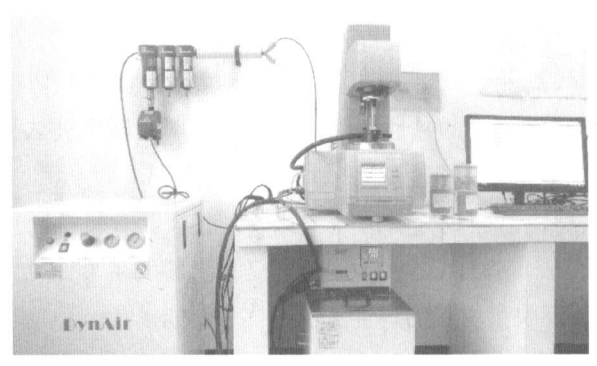
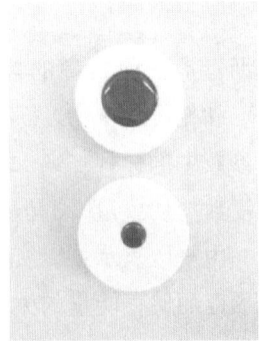

图 2.15　SmartPave102 沥青动态剪切流变仪及试样

（5）动态温度扫描

为了探究粉煤灰漂珠的掺入对沥青高温特性的影响，在 34~76℃（梯度为 6℃）的温度范围内利用 DSR 对沥青胶浆进行动态温度扫描实验（Temperature Sweep），获得沥青试样的流变参数。根据 Superpave 规范规定，试验采用应变控制模式，设置剪应变 γ 为 1%，试验频率 f 为 1Hz，采用 ϕ25mm 转子，平行板间隙为 1mm，分析不同温度下沥青胶浆复数剪切模量、相位角和车辙因子的变化情况。

不同粉煤灰漂珠替代比例的沥青胶浆在试验温度下的复数剪切模量 G^* 和相位角 δ 随温度的变化趋势，如图 2.16 所示。

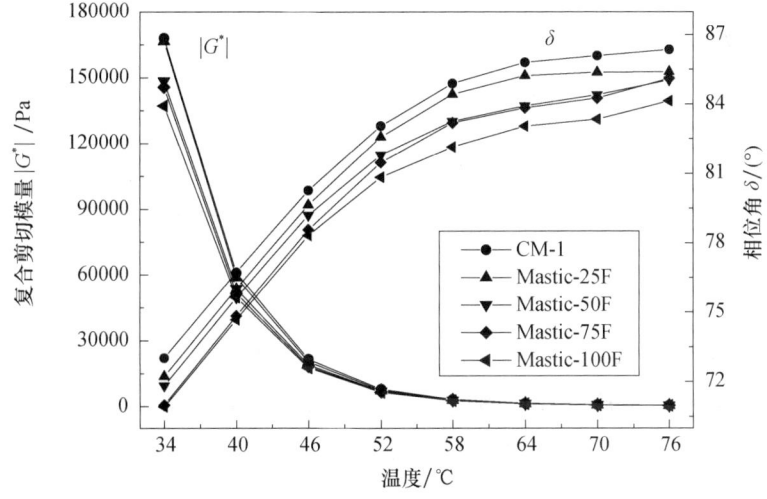

图 2.16　复数剪切模量/相位角-温度关系图

由图 2.16 可看出，随着温度逐渐升高，沥青胶浆的复数剪切模量均在大幅减小，说明温度的升高对于沥青抵抗变形的能力有非常大的影响。在测试温度范围内，随着沥青胶浆中粉煤灰漂珠替代比例的提高，复数剪切模量逐渐减小。这说明相比矿粉，粉煤灰漂珠的掺入降低了沥青抵抗变形的能力；但从相位角的变化趋势来看，同一温度下粉煤灰漂珠沥青胶浆的相位角明显小于矿粉沥青胶浆，表明粉煤灰漂珠提高了沥青的弹性性能，且随着粉煤灰漂珠掺量的增加，弹性部分的增强效果更明显。总体而言，用粉煤灰漂珠替代矿粉，降低了沥青抵抗变形的能力，提高了沥青的弹性性能。

不同粉煤灰漂珠掺量的沥青胶浆在不同扫描温度下的车辙因子 $G^*/\sin\delta$ 数据如图 2.17 所示。

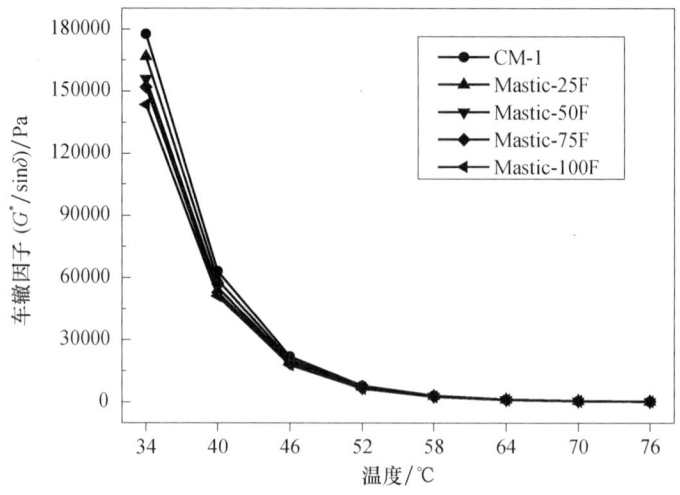

图 2.17　车辙因子-温度关系图

由图 2.17 可知，沥青胶浆的车辙因子随着温度的提高而不断降低，变化率逐渐减小，表明随着温度的升高，沥青胶浆的抗车辙能力不断降低。而且随着沥青胶浆中粉煤灰漂珠掺量的提高，其车辙因子越来越小，变化趋势与复数剪切模量基本一致。这说明虽然粉煤灰漂珠的掺入降低了沥青的相位角，增强了沥青胶浆的弹性性能，但整体来看，粉煤灰漂珠的掺入降低了沥青胶浆的车辙因子。因此，从车辙因子来看，粉煤灰漂珠替代矿粉掺入沥青会显著降低沥青胶浆抵抗变形的能力，并且掺入量越多，沥青胶浆抵抗变形的性能降低的幅度越大。

（6）动态频率扫描

沥青路面在工作运营期间需要承受各种动态交通荷载的作用，而沥青在不同的荷载加载频率作用下表现出的流变性能也不一样。因此，需要利用 DSR 对改性沥青进行动态频率扫描试验（Frequency Sweep）。根据 Superpave 规范，试验过程中要保证试样始终处于线弹性范围内。在对沥青胶浆进行振幅扫描试验之后，确定频率扫描的应变大小设置为 1%，频率扫描的范围设置为 0.1~100Hz，试验温度分别为 40℃、60℃ 和 80℃。分析不同类型沥青胶浆在不同频率下的复数模量、相位角和车辙因子变化情况。

动态频率扫描试验最终得到各种沥青胶浆在不同温度和频率下的复数剪切模量和相位角，试验结果如图 2.18~图 2.20 所示。

由图 2.19~图 2.21 可知，40℃、60℃、80℃ 三个温度下，复数剪切模量和相位角随频率的变化规律基本一致。

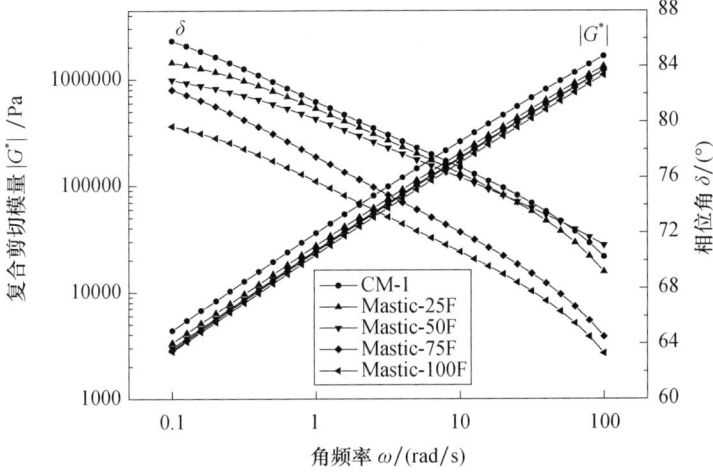

图 2.18　40℃沥青胶浆复数模量/相位角-频率关系图

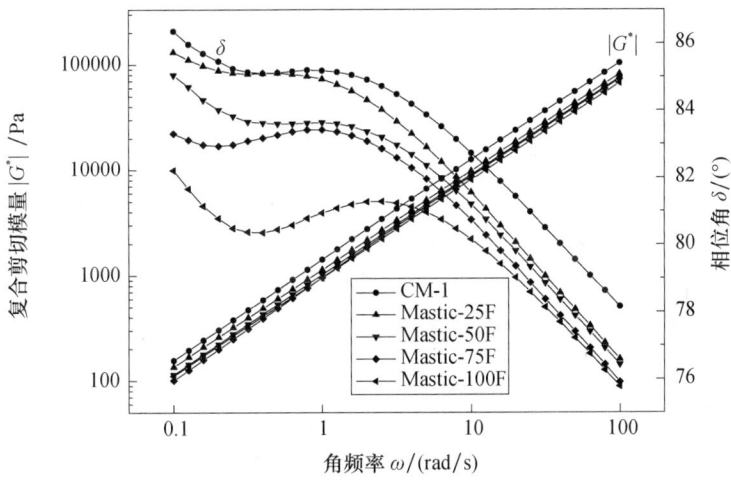

图 2.19　60℃沥青胶浆复数模量/相位角-频率关系图

①相同温度下，随着加载频率的不断提高，复数剪切模量在不断增加，而相位角逐渐减小。

②相同温度和加载频率下，随着粉煤灰漂珠替代矿粉比例的提高，沥青的复数剪切模量逐渐降低。说明相对于矿粉，粉煤灰漂珠降低了其总的抵抗变形的能力，对沥青高温抗车辙能力有损害。

③从相位角的角度分析，在相同温度和加载频率下，随着漂珠替代矿粉比例的提高，沥青的相位角逐渐减小。说明用粉煤灰漂珠替代矿粉后，提高了沥青的弹性性能。

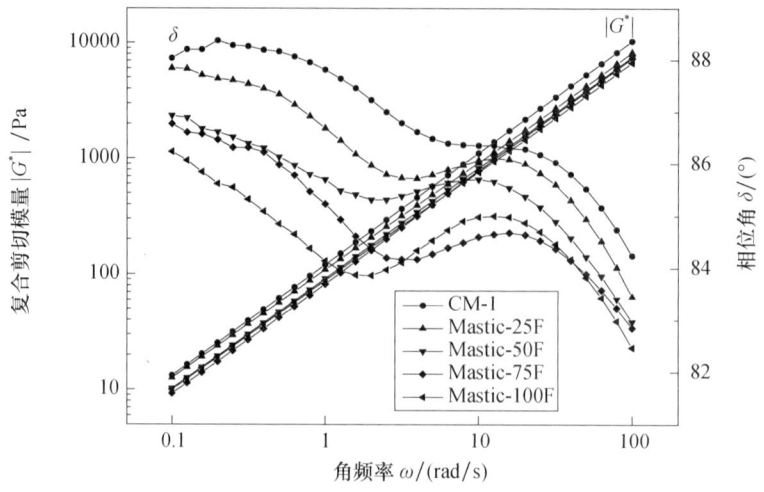

图 2.20　80℃沥青胶浆复数模量/相位角-频率关系图

④根据沥青材料的时温等效原理,即同一个力学松弛现象可以在较高温度下和较短时间内观察到,也可以在较低温度下和较长时间内观察到,不同加载时间(频率)和温度的模量值可以相互转换。依据时温等效原理可以得出以下结论:粉煤灰漂珠替代矿粉会降低沥青胶浆在高频(低温)状态下的复数剪切模量,说明对沥青的高温抗变形能力不利;而在低频(高温)状态下的复数剪切模量虽然相差不大,但总体还是有所降低,说明粉煤灰漂珠替代矿粉对沥青的低温性能也有一定影响,这在温度扫描的结果中也得到了印证。

总的来看,无论试验温度和扫描频率如何,粉煤灰漂珠替代矿粉都降低了沥青胶浆的复数剪切模量,表明沥青胶浆中粉煤灰漂珠掺量越大,其抗永久变形能力越差。

(7) 多应力重复蠕变恢复试验

美国公路合作研究课题 NCHRP 9－10 项目在研究报告中提出了一种多应力重复蠕变恢复(MSCR)试验方法,它模拟了车辆行驶时沥青路面承受的车轮瞬时荷载和重复荷载耦合的受力模式,充分考虑了沥青和沥青混合料受力变形中黏滞流动(延迟弹性)的存在,更真实地模拟了沥青路面在行车荷载作用下的变形发展过程。MSCR 试验采用不可恢复蠕变柔量(J_{nr})、蠕变恢复率(R)和蠕变柔量相对差值($J_{nr\text{-}diff}$)作为评价改性沥青高温性能的新指标,与沥青路面的抗车辙性能有较好的关联性。MSCR 试验被认为是目前评价沥青抗车辙性能最合理的方法。

MSCR 试验选用 0.1kPa 和 3.2kPa 两种应力水平进行连续测试,分别模拟低、高应力水平下的应变响应。每个应力水平进行10个作用周期，每个周期包括1s的加载蠕变阶段和9s的卸载恢复阶段，试验总时间为200s。根据Superpave规范，选择沥青的高温等级64℃为试验温度。试验采用φ25mm的转子，平行板间隙为1mm。图2.21是试验荷载加载模式和一个周期内的应变示意图。

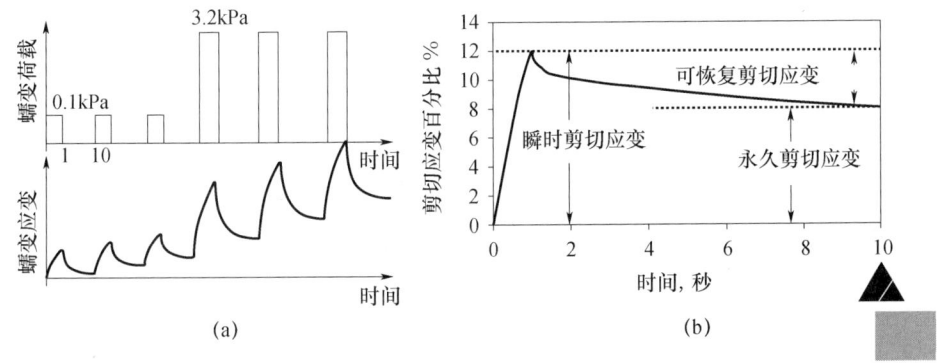

图2.21 荷载加载模式与应变示意图

依据式（2-4）、式（2-5）和式（2-6）、式（2-7）分别计算每个周期内的试样的不可恢复蠕变柔量（J_{nr}）和蠕变恢复率（R）。不可恢复蠕变柔量J_{nr}越小，说明黏性流动变形（残余变形）越小，沥青在高温下的抵抗变形能力越好；而蠕变恢复率R越大，说明沥青的弹性性能越强，抵抗外力变形时可恢复能力更强。

$$J_{nr}(\sigma, N) = \frac{\xi_{10}}{\sigma} \tag{2-4}$$

$$J_{nr}(\sigma) = \frac{\sum_{N-1}^{10} J_{nr}(\sigma, N)}{10} \tag{2-5}$$

式中，$\xi_{10} = \xi_r - \xi_0$；ξ_r为每个循环恢复部分结束时的应变；ξ_0为每个循环蠕变部分开始时的初始应变。

$$R(\sigma, N) = \frac{(\xi_1 - \xi_{10}) \times 100}{\xi_1} \tag{2-6}$$

$$R(\sigma) = \frac{\sum_{N-1}^{10} \xi_r(\sigma, N)}{10} \tag{2-7}$$

式中，$\xi_1 = \xi_c - \xi_0$；ξ_c为每个循环蠕变部分结束时的应变；ξ_0为每个循环蠕变部分开始时的初始应变。

将0.1kPa、3.2kPa应力水平下10个周期内样品的蠕变恢复率平均值分别记

为 $R_{0.1}$、$R_{3.2}$,不可恢复蠕变柔量平均值分别记为 $J_{nr\text{-}0.1}$、$J_{nr\text{-}3.2}$。不可恢复蠕变柔量相对差值 $J_{nr\text{-}diff}$ 依据式(2-8)计算。

$$J_{nr\text{-}diff} = \frac{J_{nr3.2} - J_{nr0.1}}{J_{nr0.1}} \times 100\% \tag{2-8}$$

$J_{nr\text{-}diff}$ 是表征沥青应力敏感性的指标,$J_{nr\text{-}diff}$ 越大,说明该沥青的应力敏感性越强,高温稳定性越差。

图 2.22 为沥青胶浆在 64℃下的 MSCR 试验曲线,呈现了 0.1kPa 和 3.2kPa 应力水平作用下的累积剪切应变随时间的变化情况。从图 2.22 可以看出,随着荷载的持续加载,剪切应变也不断累积增长,但两种填料对剪切应变增长率的影响不同。随着改性沥青中粉煤灰漂珠替代矿粉掺量的提高,其剪切应变累积增长的速率越来越快。

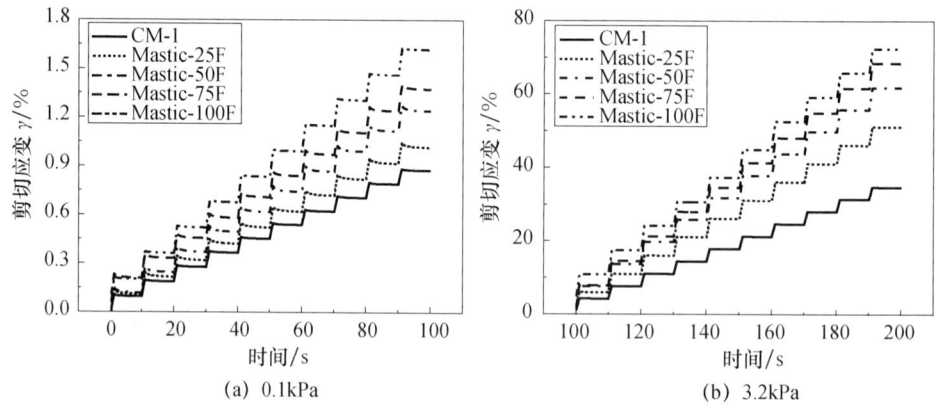

图 2.22 沥青胶浆的 MSCR 试验曲线

图 2.23(a)为 0.1kPa 和 3.2kPa 下不同掺量粉煤灰漂珠沥青胶浆的不可恢复蠕变柔量 J_{nr} 和两个应力条件下不可恢复蠕变柔量的相对差值 $J_{nr\text{-}diff}$。应力水平为 0.1kPa 与 3.2kPa 时,Mastic-100F 的不可恢复蠕变柔量 J_{nr} 分别为 1.41kPa^{-1} 与 2.32kPa^{-1},大约是矿粉沥青胶浆的 1.9 倍和 2.5 倍。可以看出,在高、低应力水平下,粉煤灰漂珠替代矿粉都会显著增大沥青胶浆的不可恢复蠕变柔量,并且高应力水平下的增大更加明显。这说明粉煤灰漂珠替代矿粉会降低沥青胶浆在高、低应力作用下的高温性能,抵抗变形的能力被削弱,并且随着粉煤灰漂珠掺量的提高,$J_{nr\text{-}diff}$ 呈现出逐渐增大的规律,表明随着漂珠用量的增加,沥青胶浆的应力敏感性越大,高温稳定性恶化。AASHTO MP19-10 分级标准对 $J_{nr\text{-}diff}$ 的要求是"≤75%",可以看出,粉煤灰漂珠沥青胶浆能够满足这个标准。

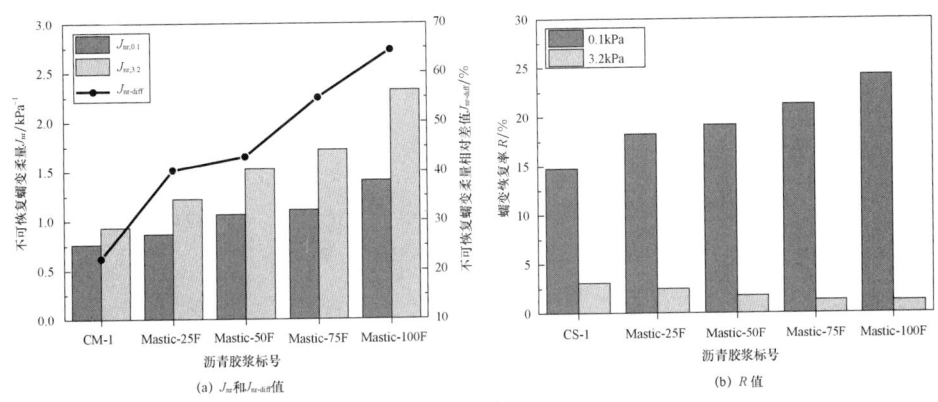

图 2.23　两种应力条件下改性沥青的 MSCR 试验结果

图 2.23（b）为 0.1kPa 和 3.2kPa 下的蠕变恢复率 R。应力水平为 0.1kPa 时，与普通沥青胶浆相比，全部替代矿粉的漂珠沥青胶浆的蠕变恢复率 R 为 24.26%，大约是它的 1.64 倍；应力水平为 3.2kPa 时，全部替代矿粉的漂珠沥青胶浆的蠕变恢复率 R 降至 1.25%，是普通沥青胶浆的 40%。

从以上分析可以看出，蠕变恢复率 R 与不同应力水平下不可恢复蠕变柔量 J_{nr} 的变化趋势不同：在低应力水平 0.1kPa 下，随着漂珠掺量的提高，其蠕变恢复率 R 随之升高；而在高应力水平 3.2kPa 下，随着漂珠掺量的提高，其蠕变恢复率 R 随之降低。

根据 MSCR 试验结果，虽然用粉煤灰漂珠代替矿粉可以提高沥青胶浆在低应力水平下的蠕变恢复率，但在高应力水平下，蠕变恢复率会降低。在高应力水平和低应力水平下，不可恢复蠕变柔量都会增加。总的来说，与矿粉相比，粉煤灰漂珠的增加会降低沥青胶浆的抗变形能力，抗车辙性能下降。

（8）线性振幅扫描试验

线性幅度扫描试验是评估沥青疲劳性能的加速测试方法，设计方法时将交通流量作为一个主要考量。沥青胶浆在热处理后（TFOT treatment），用 DSR 进行试验，转子为直径 8mm，平行板间隙为 2mm，测试温度为 M320 标准的中间温度，通常取为 25℃。本试验包括两个阶段：

①频率扫描试验：根据 AASHTO TP 101-12，保持沥青胶浆处于线性黏弹性区内，在 0.1% 的恒幅低应变下进行 0.2～30Hz 的试验，可以确定储能模量与频率的变化，获得沥青试件的材料参数 α，用于评估未损坏时的材料特性。

②线性振幅扫描试验：根据 AASHTO TP 101-14，试件在 10Hz 的恒定频率下进行，试验采用控制应变的加载方式，加载振幅为 0.1%～30%，扫描时间为

300s，加载程序如图 2.24 所示。

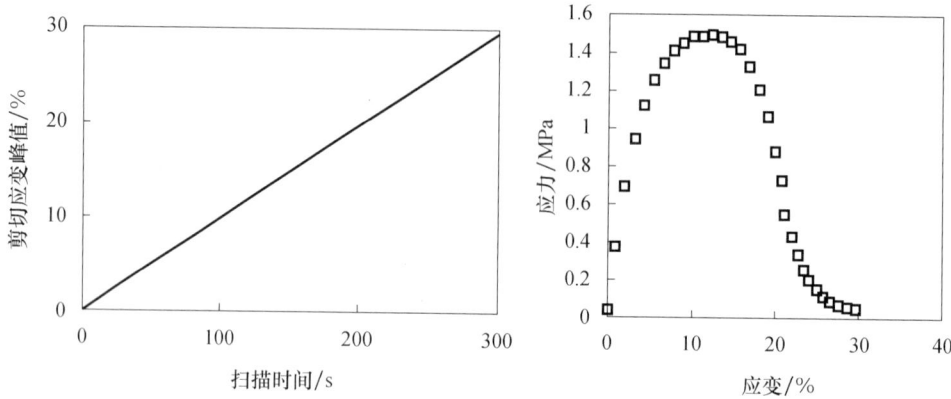

图 2.24　LAS 加载程序和应力应变曲线

振幅扫描采用黏弹性连续损伤理论（VECD）来计算疲劳方程中的各种材料特性参数。用参数 D 表示累计疲劳破坏（The damage accumulation in the specimen），计算如式（2-9）所示。

$$D(t) \cong \sum_{i=1}^{N} [\pi I_D \gamma_0^2 (|G^*|\sin\delta_{i-1} - |G^*|\sin\delta_i)]^{\frac{\alpha}{1+\alpha}} (t_i - t_{i-1})^{\frac{1}{1+\alpha}} \quad (2\text{-}9)$$

式中，I_D 为应变水平为 1% 时的复数剪切模量 $|G^*|$，MPa；γ_0 为应变水平，%；$|G^*|$ 为复数剪切模量，MPa；t 为测试时间，s；α 为非损伤状态下的材料常数，由式（2-10）和式（2-11）计算所得。

$$\log G'(\omega) = m(\log\omega) + b \quad (2\text{-}10)$$

$$\alpha = 1 + \frac{1}{m} \quad (2\text{-}11)$$

式中，$G'(\omega)$ 为储存模量，$G'(\omega) = |G^*|(\omega) \cdot \cos\delta(\omega)$，MPa；$\omega$ 为频率，Hz；m 为拟合参数。

根据 VECD 模型，可将 $|G^*|\cdot\sin\delta$ 作为材料参数，拟合关系式见式（2-12）。

$$|G^*| \cdot \sin\delta = C_0 - C_1 (D)^{C_2} \quad (2\text{-}12)$$

式中，C_0 为应变水平为 0.1% 时的 $|G^*|\cdot\sin\delta$；C_1 和 C_2 为拟合参数，在计算时，累计疲劳破坏 D 小于 100 的数据应当忽略。

疲劳失效准则：失效时损伤累积的值 D_f 定义为初始 $|G^*|\cdot\sin\delta$ 的 35%，如式（2-13）所示。

$$D_f = (0.35) \left(\frac{C_0}{C_1}\right)^{\left(\frac{1}{C_2}\right)} \quad (2\text{-}13)$$

疲劳寿命 N_f 通过式（2-14）和式（2-15）预测。

$$N_f = A_{35} (\gamma_{\max})^{-B} \tag{2-14}$$

$$A_{35} = \frac{f(D_f)^k}{k(\pi I_D C_1 C_2)^\alpha} \tag{2-15}$$

式中，f 为加载频率，Hz；$k = 1 + (1 - C_2) \alpha$；A_{35}、B 为黏弹性连续损伤系数；$\gamma_{\max}$ 为路面结构预估最大应变，%；$B = 2\alpha$。

根据 AASHTO TP 101-12，首先使用频率扫描试验中的数据计算未损坏沥青胶浆的材料参数 α，参数 α 通过拟合储能模量与相应扫描频率之间的关系来确定。结果如图 2.25 所示。

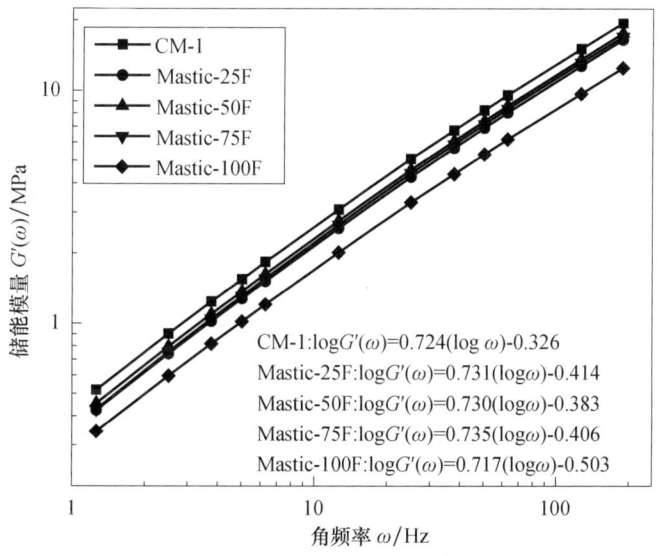

图 2.25　频率扫描结果：储能模量-频率关系

然后进行了振幅扫描试验，以获得不同沥青胶浆的应力-应变曲线。沥青胶浆在荷载的反复作用下发生变形，当荷载达到某一值时，沥青胶浆的应变持续增加，而应力开始下降，此时材料达到了屈服状态。材料屈服时的应力定义为屈服应力，此时对应的应变称为屈服应变。不同沥青胶浆在线性振幅扫描中的应力与应变关系如图 2.26 所示。可以看出，不同的沥青胶浆具有相似的应力-应变曲线形状。随着剪切应变的增大，沥青胶浆的剪切应力先增大，达到屈服应力后减小为零。随着粉煤灰漂珠含量的增加，沥青胶浆的峰值剪应力（屈服应变）逐渐减小，对应的屈服应变也逐渐减小，表明粉煤灰漂珠对沥青胶浆抵抗变形破坏的能力有负面影响。

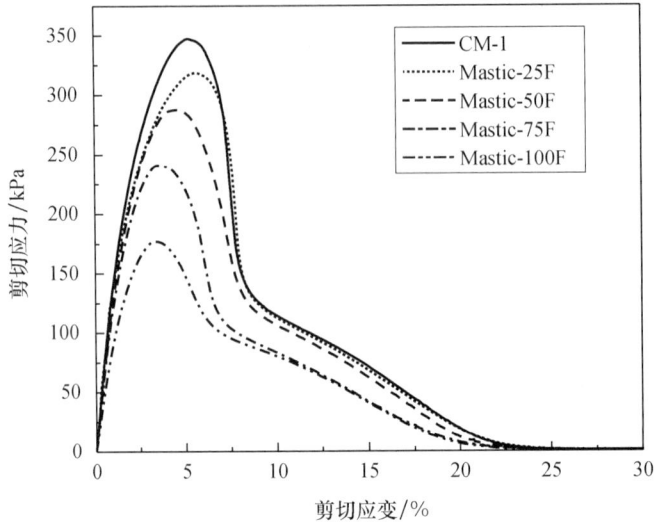

图 2.26　振幅扫描结果：应力-应变关系

图 2.27 给出了不同沥青胶浆的损伤特性曲线，它反映了材料完整性 C（the material integrity）与损伤强度 D（damage intensity）之间的关系。材料完整性 C 代表材料的损伤状态，完全破坏后，C 值变为零。从图 2.27 中可以看见，随着沥青胶浆损伤程度的增加，材料完整性指标逐渐降低到零。在相同的损伤强度水平下，随着粉煤灰漂珠替代比例的增加，材料完整性降低，表明粉煤灰漂珠的加入会对沥青胶浆的抗疲劳性能产生负面影响。

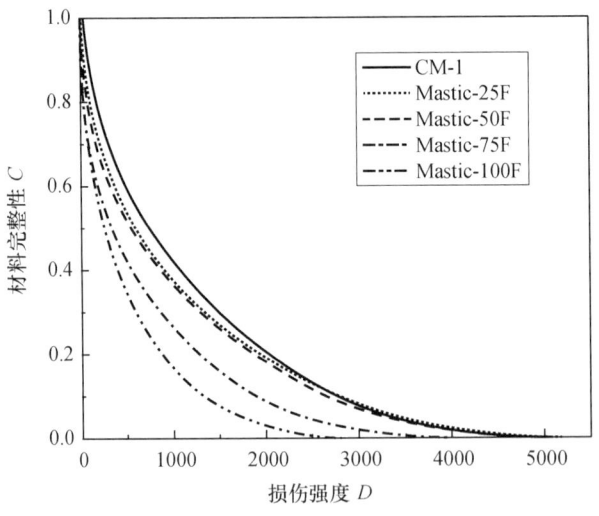

图 2.27　沥青胶浆损伤特性曲线

利用图 2.27 中的数据，可以根据黏弹性连续损伤理论（VECD）计算疲劳方程中的各种材料特性参数，如表 2.4 所示。

表 2.4　沥青胶浆损伤特性曲线拟合参数

类别	α	A_{35}
CM-1	2.369	4868633
Mastic-25F	2.382	3894689
Mastic-50F	2.364	2300784
Mastic-75F	2.365	2172530
Mastic-100F	2.421	1000486

利用表 2.4 所示的参数，可以预测沥青胶浆在任何预期应变水平下的疲劳寿命。图 2.28 给出了沥青胶浆在 1%～10% 的应变水平下的疲劳寿命及疲劳寿命方程。

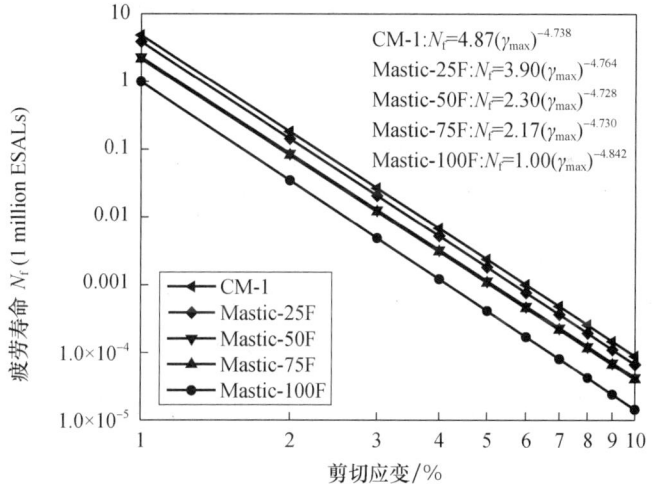

图 2.28　基于 VECD 模型的疲劳寿命预测

结果表明，随着应变水平的提高，沥青胶浆的疲劳寿命显著缩短。在相同的预测应变水平下，粉煤灰漂珠含量越高的沥青胶浆，预期疲劳寿命越短。这说明用粉煤灰漂珠代替矿粉制备沥青胶浆，降低了沥青胶浆的疲劳性能。

图 2.29 显示了 5 种沥青胶浆在 2.5% 和 5% 的应变水平下的疲劳寿命。在应变水平为 2.5% 和 5% 时，Mastic-100F 的疲劳寿命分别降低到了 CM-1 的 17.3% 和 16.7%。

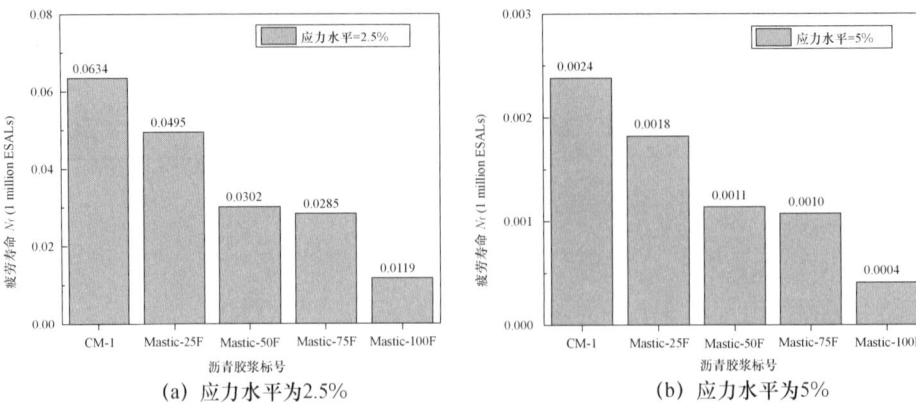

(a) 应力水平为2.5%　　　　(b) 应力水平为5%

图 2.29　不同应力水平下的预测疲劳寿命

通过线性振幅扫描试验可以发现,用粉煤灰漂珠替代矿粉会降低沥青胶浆的抗疲劳性能。

2.1.3　粉煤灰漂珠低导热沥青混合料性能测试

(1) 沥青混合料制备

本项目以沥青路面上面层常用的 SMA-13 沥青混合料为研究对象,研究了粉煤灰漂珠用于沥青路面降温的可行性。基于等体积替代矿粉的原则,采用粉煤灰漂珠制备不同替代比例的低导热沥青混合料。沥青混合料中集料、矿粉和粉煤灰漂珠的质量比见表 2.5,沥青混合料相应的集料级配见表 2.6。根据马歇尔配合比设计方法确定了沥青混合料的最佳沥青用量为 6.2%。

表 2.5　沥青混合料中集料、矿粉和粉煤灰漂珠的质量比　（单位:%）

混合料类型	集料			矿粉	粉煤灰漂珠
	9.5~13.2mm	2.36~9.5mm	0~2.36mm		
CM-1				9.6	0
Mixture-25F				7.2	0.6
Mixture-50F	43	29.5	17.9	4.8	1.2
Mixture-75F				2.4	1.9
Mixture-100F				0	2.5

表 2.6　SMA-13 沥青混合料级配

筛孔尺寸/mm	16.0	13.2	9.5	4.75	2.36	1.18	0.6	0.3	0.15	0.075
通过率/wt.%	100	90.0	63.2	26.6	17.8	15.6	13.3	11.6	10.7	10.0

(2) 导热系数测试

为了准确地反映粉煤灰漂珠对沥青路面传热效果的影响，测定了不同粉煤灰漂珠替代比例沥青混合料的导热系数，结果如图 2.30 所示。

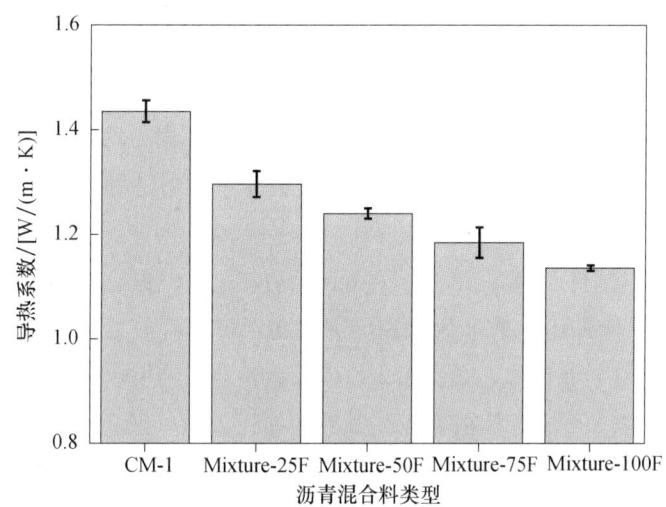

图 2.30　不同沥青混合料的导热系数

由图 2.30 中的结果可知，随着粉煤灰漂珠替代比例的不断增加，沥青混合料的导热系数不断降低，Mixtur-100F 的平均导热系数比普通沥青混合料低 0.30W/(m·K)，降低了 20.9%，说明采用粉煤灰漂珠等体积替代矿粉制备低导热沥青混合料具有较低的导热系数。因此，粉煤灰漂珠沥青混合料可以用于降低沥青路面内部温度。

(3) 动态蠕变试验

沥青混合料是一种典型的黏弹性材料，其力学性能与荷载、温度和时间密切相关，受实际交通环境影响较大。传统的马歇尔试验没有考虑交通环境因素和设计水平，在评价沥青混合料的高温抗车辙性能方面具有一定局限性。车辙试验被广泛用于沥青混合料的高温性能评价中，但由于车辙板试件内应变分布不均匀，各个国家的车辙试验设备和评价指标也存在较大差别，因此，基于不同车辙仪的试验结果并不一致。

夏季高温条件下，沥青路面受交通荷载的作用，相应变形随时间而增长，车辆荷载消失后相应变形又随时间逐渐恢复，部分变形会永久保持，这就是沥青路面的永久变形。永久变形逐渐累积，形成车辙，这是沥青路面黏弹性特性的直接反映。基于沥青混合料的这种黏弹性特性，美国国家公路合作研究计划项目

（National Cooperative Highway Research Program）研究报告（NCHRP Report 465）所提出的简单性能试验（Simple Performance Test，SPT）中，推荐把重复加载永久变形试验（Repeated Loading Permanent Deformation Test）作为评价沥青混合料高温抗车辙性能的试验之一，模拟路面在不同的荷载、环境条件下的动态响应，又称为动态蠕变试验（Flow Number Test，FN）。

本试验采用半正弦压力荷载进行单轴动态重复加载，加载时间为0.1s，间歇时间为0.9s，周期为1s。轴向压力根据预试验确定，有无围压均可。试验温度设定为60℃，终止条件为轴向累积应变达到5%或荷载作用次数达到10000次。试验采用直径100mm、高150mm的圆柱体试件，通过旋转压实仪成型直径100mm、高180mm的圆柱体试件后切割形成，并测量其空隙率，保证空隙率偏差不超过±0.5%。每组试验采用3个平行试件。试验前，将试件放置于温控箱中恒温4h，并在试件两端各垫一张四氟乙烯薄膜，以消除试件端部约束效应对试验结果和精度的影响。试验设备、试验过程和数据采集界面如图2.31～图2.33所示。

图2.31　UTM-250沥青混合料综合试验系统　　图2.32　动态蠕变试验过程

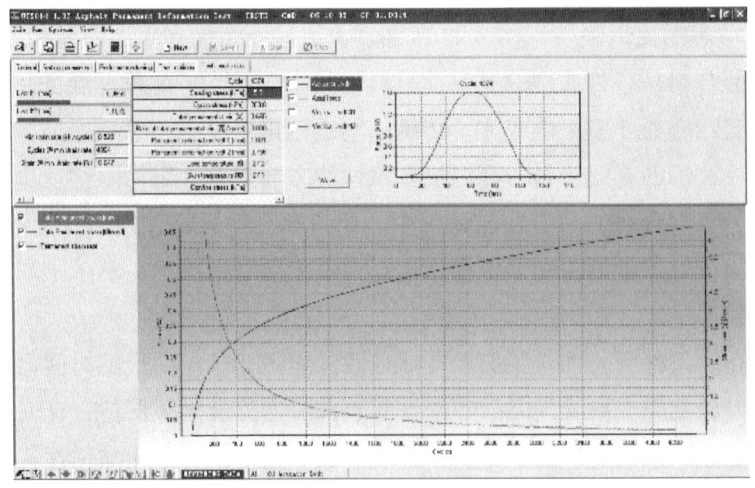

图2.33　动态蠕变试验数据采集界面

动态蠕变试验中,通过传感器采集轴向累计永久应变数据,并绘制累积永久应变与重复荷载作用次数关系图(图2.34)。重复荷载作用下沥青混合料的永久应变曲线一般由3个阶段组成:①初始阶段(迁移期):累计永久应变增长迅速,但应变率逐渐降低;②第二阶段(稳定期):累计永久应变稳定增长,应变率基本保持不变;③第三阶段(破坏期):累计永久应变和应变率均急剧增大,出现剪切流动,直至试件破坏。

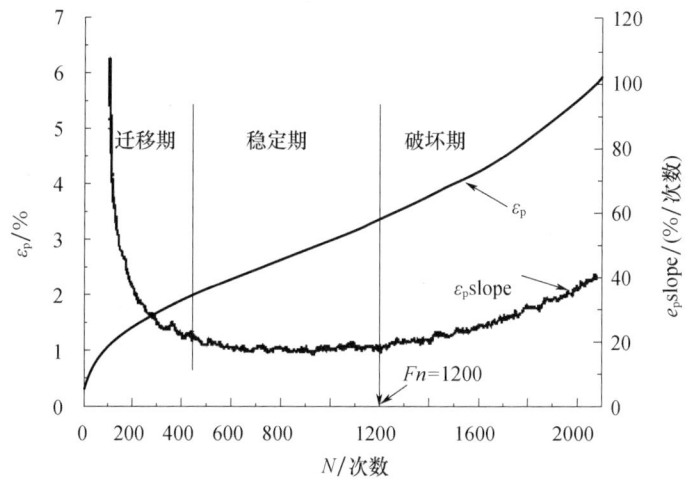

图2.34 蠕变变形三阶段及永久应变率曲线

NCHRP报告指出,将累计永久变形量作为评价沥青混合料高温性能的指标是不合适的,推荐使用流变次数(Flow number,Fn)作为该试验的重要指标,其物理意义为沥青混合料进入剪切流动变形阶段的起点。在沥青混合料的永久应变曲线中表现为第二阶段和第三阶段的分界点所对应的荷载作用次数。沥青混合料的流变次数越大,沥青路面发生蠕变破坏的概率越小,所以可以用来评价沥青路面的高温性能。Witczak等人研究发现,在各级交通量水平下,沥青混合料的流变次数与现场实测的路面车辙深度有很好的相关性。Dongre等人提出可以将流变次数作为沥青路面施工质量控制的常规检验指标。

目前针对流变次数的计算,大多通过各种数学模型(表2.7)对沥青混合料永久应变曲线(永久应变 ε_p—荷载作用次数 N)进行拟合,然后对方程求导计算永久应变 ε_p 对荷载作用次数 N 的变化率(ε_{pslope})。当永久应变率降低到最小后会保持恒定一段时间,其开始增大的点对应的荷载作用次数 N 和变化率 ε_{pslope} 即为流动次数 Fn 和蠕变速率,如图2.34所示。

表 2.7　流变次数计算模型

模型名称	应变描述方程	应变率计算方式	回归系数
Francken	$\varepsilon_p = aN^b + c\,(e^{dN} - 1)$	$\dfrac{\partial \varepsilon_p}{\partial N} = abN^{b-1} + cde^{dN}$	a、b、c、d
Weibull	$\varepsilon_p = \dfrac{1}{\beta}\left[-\ln\left(1 - \dfrac{N}{\gamma}\right)\right]^{\frac{1}{\alpha}}$	$\dfrac{\partial \varepsilon_p}{\partial N} = \dfrac{1}{\alpha\beta\,(\gamma - N)}\left[-\ln\left(1 - \dfrac{N}{\gamma}\right)\right]^{\frac{1}{\alpha}-1}$	α、β、γ

对于稳定期，永久应变和作用次数在双对数坐标系中基本呈线性关系，可用式（2-16）来拟合。

$$\varepsilon_p = aN^b \tag{2-16}$$

如图 2.35 所示，截距 a 为 $N=1$ 时的永久应变，斜率 b 反映了永久应变随荷载循环次数 N 的变化率，a 和 b 均可以通过在双对数坐标系下线性回归而得到。

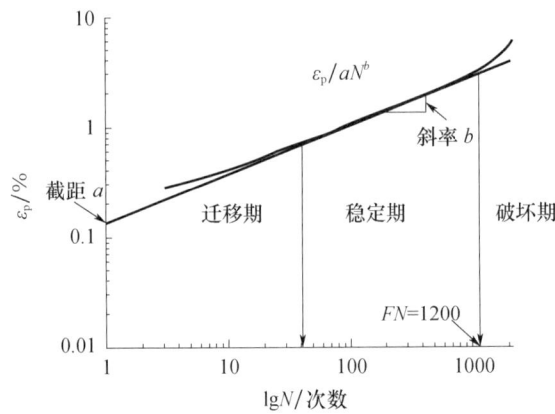

图 2.35　双对数坐标下的永久变形曲线示意图

但是，这些典型模型似乎只能充分表征初级阶段，并不能有效地描述二级和三级阶段。Zhou 基于每个阶段的定义，为每个阶段提出了一个单独的模型，组成了三阶段模型，有效地描述了永久变形曲线的全过程，并给出了确定每个阶段转变点（包括流变次数 Fn）的计算方法。三阶段模型公式如式（2-17）～式（2-19）所示。

第一阶段：
$$\varepsilon_p = aN^b,\quad N < N_{PS} \tag{2-17}$$

第二阶段：
$$\varepsilon_p = \varepsilon_{PS} + c\,(N - N_{PS}),\quad N_{PS} \leq N < N_{ST} \tag{2-18}$$

第三阶段：
$$\varepsilon_p = \varepsilon_{ST} + d\,(e^{f(N - N_{ST})} - 1),\quad N \geq N_{ST} \tag{2-19}$$

式中：ε_p 为累计永久应变；N 为重复荷载加载次数；a、b、c、d 和 f 为拟合常数；N_{PS} 为第二阶段初始点（即第一阶段终止点）对应的加载次数；ε_{PS} 为第二阶段初始点对应的永久应变;N_{ST}为第三阶段初始点(即第二阶段终止点或流变次数 Fn)对应的加载次数;ε_{ST}为第三阶段初始点对应的永久应变。

识别第二阶段初始点(即第一阶段终止点)的算法包括以下 5 个步骤。

①假设:在 $100 \sim N_{max}$(总加载次数,本文试验为 10000 次)之间采用 K 组永久变形数据,即选取数组 $(100, K_{th})$。

②步骤 1:使用 K 组数据进行幂函数模型式 (2-17) 拟合,确定回归系数 a 和 b。

③步骤 2:使用 Step 1 中确定的幂函数方程,计算与当前 K_{th} 对应加载次数的累积永久应变。

④步骤 3:将实际测量的累积永久应变 $\varepsilon_{pMeasured}$ 与当前 K_{th} 对应加载次数的预测累加永久应变 $\varepsilon_{pPredicted}$ 进行比较。

差值 (D_e) 以式 (2-20) 的形式定义。如果 $D_e < 3\%$,并且当前 K_{th} 对应的加载次数等于 N_{max},说明该永久变形曲线没有第二阶段,停止识别。

$$D_e = \frac{\Delta}{\varepsilon_{pMeasured}} = \frac{|\varepsilon_{pMeasured} - \varepsilon_{pPredicted}|}{\varepsilon_{pMeasured}} \times 100\% \qquad (2-20)$$

如果 $D_e < 3\%$,并且当前 K_{th} 对应的加载次数小于 N_{max},则当前 K_{th} 对应的加载次数即为第二阶段的初始点。否则,转到步骤 4。

⑤步骤 4:删除选用的 K 组数据,设置 $K = K - 1$,重复步骤 2 和步骤 3,直到确定第二阶段的初始点。

根据第二阶段的定义,累计永久应变-荷载重复次数曲线的斜率是线性的。因此,以式 (2-21) 的形式定义简单的线性模型。

$$\varepsilon'_p = cN' + d \qquad (2-21)$$

识别第三阶段初始点(即第二阶段终止点)的算法包括以下 4 个步骤。

①假设:在 $100 \sim N_{max}$(总加载次数,本文试验为 10000 次)之间采用 K 组永久变形数据,即选取数组 $(100, K_{th})$。另外,还假设使用先前算法确定的第一阶段包括 x 组数据。因此,仍有 $M = K - x + 1$ 组数据剩余,其中包括第一阶段的终止点 N_{PS} 及 ε_{PS},即选取剩余数组 (x, K_{th})。

②步骤 1:设置第二阶段的初始点 ($x = N_{PS}$, $y = \varepsilon_{PS}$) 为坐标轴的新原点。从剩余数组 (x, K_{th}) 的加载次数和累计的永久应变中减去 N_{PS} 值和 ε_{PS} 值,将调整后的加载次数和永久应变分别命名为 N' 和 ε'_p。

③步骤 2:使用调整原点后的 M 组数据进行线性函数模型式 (2-21) 拟合,确定回归系数 c 和 d。d 与当前 ε'_p 最大值比率的绝对值以式 (2-22) 的形式定义。

如果 $R_d < 1\%$ （或 $d > 0$），并且当前 M_{th} 对应的加载次数等于 $(N_{max} - N_{PS})$，说明该永久变形曲线没有第三阶段，停止识别。

$$R_d = \frac{d}{\varepsilon_p'} \times 100\% \tag{2-22}$$

如果 $R_d < 1\%$ （或 $d > 0$），并且当前 M_{th} 对应的加载次数小于 $(N_{max} - N_{PS})$，则当前 M_{th} 对应的加载次数即为第三阶段的初始点，加回 N_{PS} 得到原始的加载次数。否则，转到步骤3。

④步骤3：删除选用的 M 组数据，设置 $M = M - 1$，重复步骤2，直到确定第三阶段的初始点。

在确定两个转变点后，即可通过回归分析轻松确定三阶段永久变形模型的参数。

Witczak 等人的研究表明：除了指标流变次数 Fn 及对应的蠕变速率和累积应变，斜率 b 和 5000 次作用时的永久应变 $\varepsilon_p@5000$ 也能较好地反映沥青混合料的高温稳定性能。b 和 $\varepsilon_p@5000$ 越小，表明在沥青混合料在永久变形稳定期内的应变累积越慢，到达破坏期所能承担的荷载作用次数越多，沥青混合料高温抗变形性能越好。而截距 a 与沥青混合料的高温性能相关性较差，不适合作为评价指标。

除以上指标之外，流变次数指数 F_i 和破坏次数 N_f'（永久应变 ε_p 达到 5% 时对应的荷载作用次数）也被推荐用来评价混合料抗车辙性能。F_i 被定义为流变应变（流变次数所对应的累积永久应变 ε_p）与 Fn 的比值。F_i 越小，代表沥青混合料的抗变形能力越强。

因此，为了评价沥青混合料的高温抗变形性能进行了沥青混合料的动态蠕变试验，图 2.36 给出了混合料的蠕变曲线。

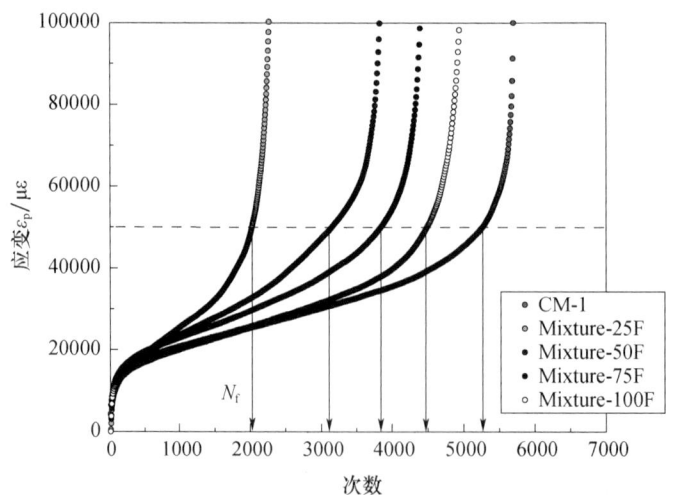

图 2.36　沥青混合料的动态蠕变曲线

从图 2.36 中可以看出，不同沥青混合料的蠕变曲线均呈现明显的三阶段变形。随着粉煤灰漂珠替代比例的不断增加，混合料进入破坏阶段的速度更快，高温抗变形性能逐渐降低。为了更好地评估沥青混合料的高温性能的降低程度，采用流变次数 Fn、蠕变速率 ε_{pslope}、流动次数指数 F_i（累积永久应变 ε_p 与流动次数 Fn 之比）和破坏次数 N_f'（永久应变 ε_p 为 5% 对应的荷载次数）来评估混合料的抗车辙性能，动态蠕变试验的各项评价指标如图 2.37 所示。

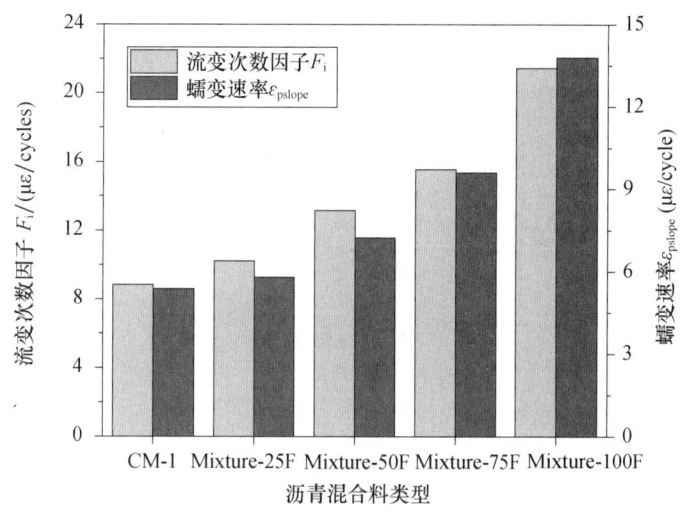

图 2.37 沥青混合料的动态蠕变评价指标

从图 2.37 可以看出，沥青混合料的蠕变速率 ε_{pslope} 和流动数指数 F_i 都随着粉煤灰漂珠替代比例的增加而提高，分别从 5.37με/cycles 和 8.84με/cycles 提高到 13.79με/cycles 和 21.44με/cycles。结果表明，在永久变形稳定阶段内，粉煤灰漂珠沥青混合料的应变累积速率比普通沥青混合料更快，这种情况会减少试样达到破坏阶段所能承受的荷载次数。流动次数 Fn 和破坏次数 N_f' 分别下降了 65.9% 和 61.5%，表明使用粉煤灰漂珠代替石灰石矿粉会降低沥青混合料在高温下的抗变形能力。

（4）动态模量试验

沥青混合料的模量表示沥青混合料在一定荷载作用下抵抗变形的能力，是路面材料和沥青路面结构设计的重要参数。动态模量是美国在简单路用性能试验方法项目（NCHRP 9-29）中推荐作为评价沥青混合料高温永久变形的指标之一。相比静态模量，动态模量可以反映沥青路面在车辆荷载作用下的动态响应，更真实地模拟沥青路面的实际受力情况。与常规静态荷载作用得到的静态模量不同，动态模量在不同的试验温度下，以不同的频率对试件施加正弦等动态荷载（半正矢），测定相应时间所施加的荷载和试件产生的轴向位移响应，采用动态模量

$|E^*|$ 和相位角 φ 作为评价沥青混合料性能的指标。

①动态模量、相位角和组合参数

与沥青胶浆类似，沥青混合料作为黏弹性材料，在周期性的正弦动态荷载的作用下，会产生滞后于应力的应变响应，示意图如图 2.38 所示。采用相位角 φ 来描述这种滞后性，计算公式如式（2-23）所示。

$$\varphi = 2\pi f \Delta t \tag{2-23}$$

式中，f 为荷载作用的频率；Δt 为应变滞后于应力的时间。

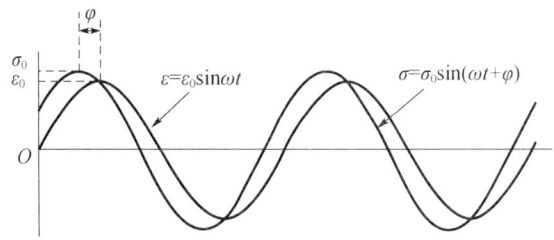

图 2.38 应力-应变响应示意图

相位角 φ 可以表征材料弹性（可恢复部分）与黏性（不可恢复部分）成分的相对比例，以及对应的储能模量和损耗模量。另外，高温状态下的沥青混合料需要更多的弹性来抵抗车辙，低温状态下的沥青混合料需要更多的黏性来抵抗开裂。因此，沥青混合料的相位角在高温下较低、在低温时较高对沥青路面的服役性能是有益的。

相应地，应力和应变可由式（2-24）和式（2-25）得到。

$$\sigma = \sigma_0 \sin \omega t \tag{2-24}$$

$$\varepsilon = \varepsilon_0 \sin(\omega t + \varphi) \tag{2-25}$$

式中，σ 为应力；σ_0 为应力振幅；ω 为角速度，rad/s；t 为时间；ε 为应变；ε_0 为应变振幅；φ 为相位角。

沥青混合料的动态模量 E^* 定义为应力与应变的比值，采用复数形式表示。

$$E^* = \frac{\sigma}{\varepsilon} = \frac{\sigma_0}{\varepsilon_0}(\cos\varphi + i\sin\varphi) = |E^*|(\cos\varphi + i\sin\varphi) \tag{2-26}$$

沥青混合料的动态模量 $|E^*|$ 定义为试验达到稳定状态应力振幅与应变振幅的比值，如式（2-27）所示。

$$|E^*| = \frac{\sigma_0}{\varepsilon_0} \tag{2-27}$$

动态模量反映了沥青混合料抵抗变形的能力。动态模量 $|E^*|$ 越大，表明沥青混合料抵抗变形的能力越强。考虑到动态模量 $|E^*|$ 和相位角的耦合

效应,仅用动态模量来评价沥青混合料的高温性能是不够的。类比 DSR 动态剪切模量试验中的评价指标——抗车辙因子 $G^*/\sin\varphi$,定义了动态模量组合参数 $|E^*|/\sin\varphi$。动态模量组合参数 $|E^*|/\sin\varphi$ 越大,说明沥青混合料的高温抗车辙性能越好。

② 主曲线

黏弹性材料的力学行为可以表示为温域和时域的函数,同样的力学行为可以在高温-高频下得到,也可以在低温-低频下得到,这就是时温等效原理。基于时温等效原理,选定一个参考温度,将其他不同温度下沥青混合料的相位角或动态模量曲线,通过移位因子的计算,平移叠加后绘制成一条在参考温度下的光滑曲线,称之为沥青混合料的主曲线。利用主曲线,可以对沥青混合料的长期力学性质、极端温度下的性能进行预测,弥补试验时间过长或极端温度难以实现的不足。

针对沥青混合料的移位因子,许多研究者提出了不同的计算模型,其中最常用的是 Williams-Landel-Ferry Equation(WLF 方程),如式(2-28)所示。

$$\log\alpha_T = \frac{C_1(T-T_0)}{C_2+T-T_0} \tag{2-28}$$

式中,T 为试验温度;α_T 为试验温度 T 下的移位因子,代表该温度下黏弹性特征函数曲线到参考温度下曲线的平移距离;C_1 和 C_2 为拟合的常数;T_0 为参考温度。

移位因子如图 2.39 所示。

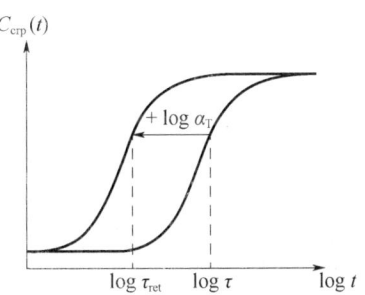

图 2.39 移位因子示意图

Pellinen 研究建议,应用移位因子 α_T 平移叠加后,采用最小二乘法对 Sigmoidal 方程进行拟合来构建主曲线,如式(2-29)所示。

$$\log|E^*| = \delta + \frac{\alpha}{1+e^{\beta+\gamma\lg f_r}} \tag{2-29}$$

式中,δ 为动态模量最小值;$\delta+\alpha$ 为动态模量最大值;β 为回归参数,代表动态模量主曲线形状;f_r 为参考温度 T_0 下的缩减频率。

其中，缩减频率f_r与试验温度T下的实际加载频率f存在式（2-30）所示的转换关系。

$$\lg f_r = \lg f + \lg \alpha_T \tag{2-30}$$

式中，α_T为试验温度T下动态模量主曲线的移位因子，当试验温度为参考温度时，α_T取值为1。

③试验方法

根据规范AASHTO Designation：TP 62-03 Standard Method of Test for *Determining Dynamic Modulus of Hot-Mix Asphalt Concrete Mixtures*，分别在 -10℃（14℉）、4.4℃（40℉）、21.1℃（70℉）、37.8℃（100℉）和54.4℃（130℉）5个温度下，采用0.1Hz、0.5Hz、1Hz、5Hz、10Hz和25Hz 6个频率对沥青混合料进行动态模量试验。试验采用应力控制方式，每组试验通过旋转压实仪成型3个高180mm、直径100mm的圆柱体平行试件，并通过切割机切割成高150mm、直径100mm的标准试件。试件高度误差不超过±2mm，两端用砂纸打磨平整。3组传感器定位钉黏结在试件侧面（2个钉一组，上下间距100mm，每组间隔120°），将3个误差不超过±1mm的位移传感器的固定导杆使用螺钉固定在定位钉上，并在试件两端垫特氟龙垫片，以消除试件端部约束效应对试验结果和精度的影响。试验装置和过程如图2.40～图2.42所示。

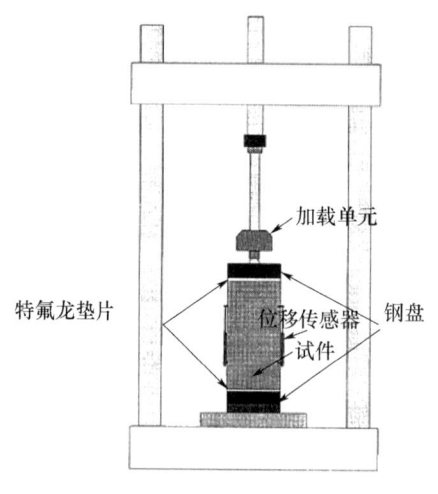

图2.40 动态模量试验装置　　图2.41 动态模量试验过程

为了研究沥青混合料在不同温度下的动态响应，对不同沥青混合料进行了动态模量试验。沥青混合料在不同温度下的动态模量和相位角随频率的变化如图2.43所示。

图 2.42 动态模量试验数据采集界面

(a) −10℃ (b) 4.4℃ (c) 21.1℃ (d) 37.8℃ (e) 54.4℃

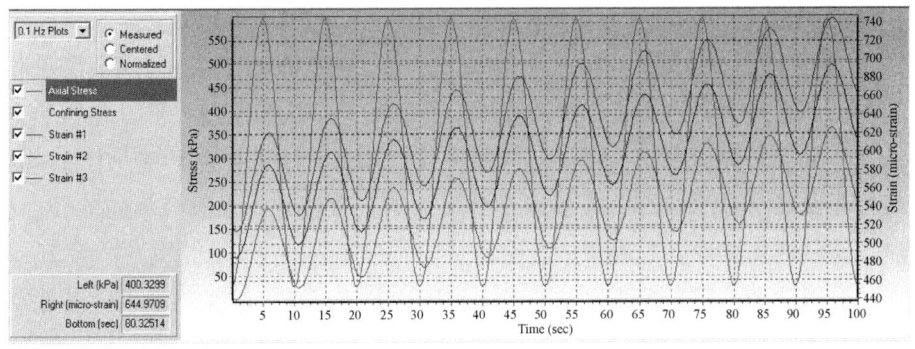

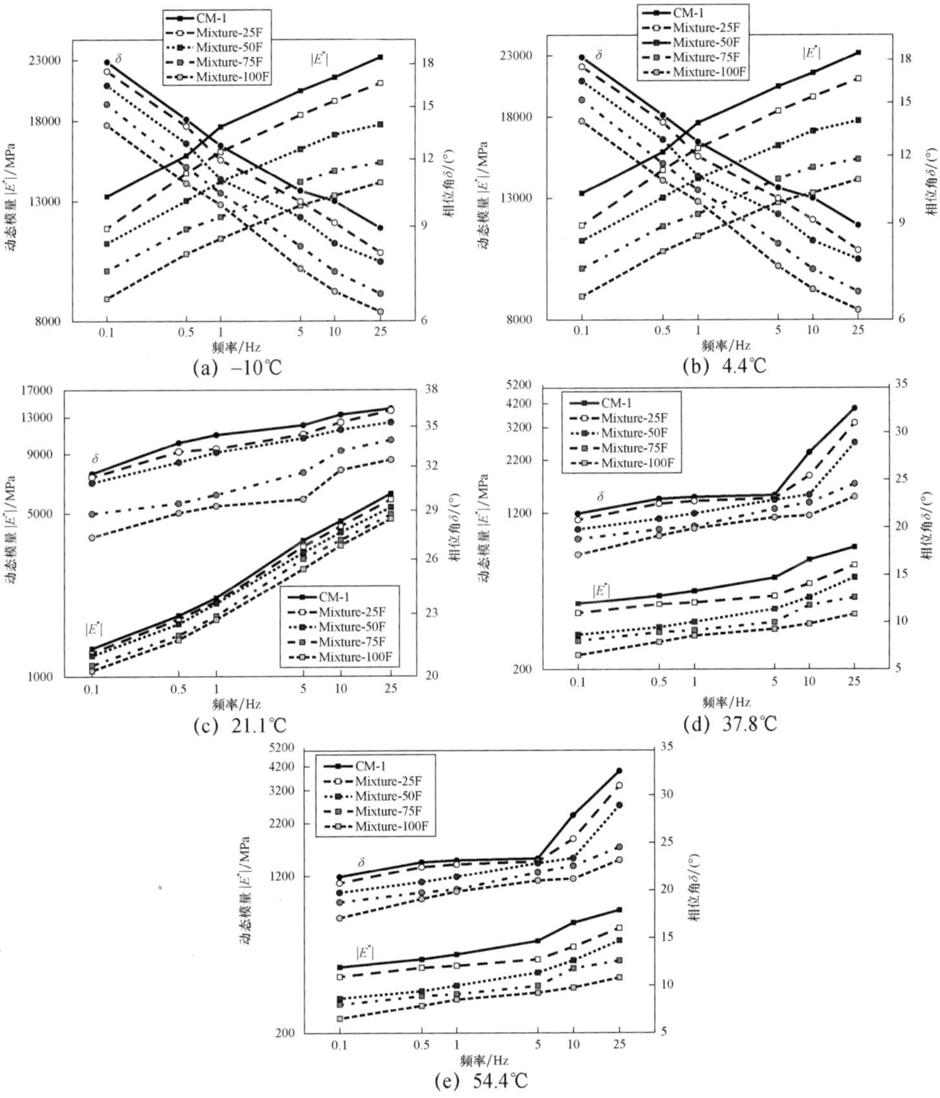

图 2.43 不同温度下沥青混合料的动态性能指标

从图 2.43 中可以看出：在不同温度和频率下，粉煤灰漂珠沥青混合料的动态模量和相位角均小于普通沥青混合料；从动态模量的角度看，粉煤灰漂珠取代矿粉后，沥青混合料的抗变形能力总体上有所降低；从相位角来看，高温下相位角的减小是有利的，说明粉煤灰漂珠提高了沥青混合料的弹性性能。然而，低温下相位角的减小是不利的，这意味着粉煤灰漂珠降低了沥青混合料的黏性性能，不利于抑制沥青路面在低温下产生裂缝。

综合考虑动态模量和相位角的耦合作用，计算了沥青混合料在不同温度下的动态模量组合参数 $|E^*|/\sin\varphi$ 随频率变化的趋势（图 2.44）。另外，选择参考温度为 21.1℃，绘制沥青混合料的动态模量主曲线，如图 2.45 所示。

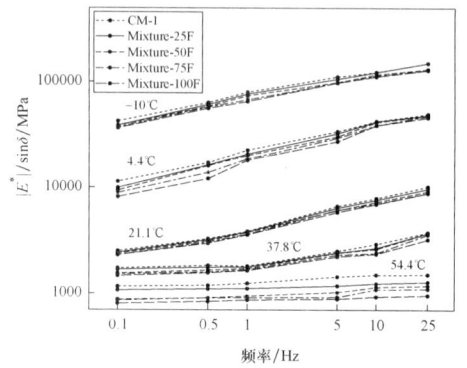

图 2.44　$|E^*|/\sin\varphi$-频率关系

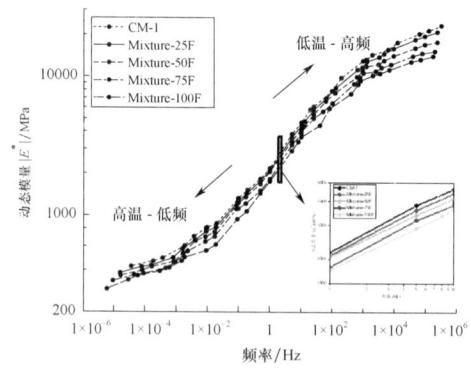

图 2.45　动态模量主曲线

图 2.44 表明，在各温度和频率下，粉煤灰漂珠沥青混合料的动态模量组合参数 $|E^*|/\sin\varphi$ 均低于普通沥青混合料，说明粉煤灰漂珠替代 LMF 降低了沥青混合料的抗变形能力。从图 2.45 中可以看出，粉煤灰漂珠沥青混合料的动态模量主曲线低于普通沥青混合料的曲线。从图 2.45 中可以直观地看到，粉煤灰漂

珠沥青混合料的动态模量均低于普通沥青混合料。不同类型沥青混合料的动态模量主曲线也证实了之前对不同温度下动态模量和组合参数的分析。因此，采用粉煤灰漂珠替代矿粉制备沥青混合料会影响沥青混合料抵抗动态荷载的能力。

（5）低温弯曲试验

路面低温裂缝是沥青路面常见病害之一。裂缝的产生导致路面强度明显降低，影响沥青路面的使用性能，并加速沥青路面的破坏。本书根据《公路工程沥青及沥青混合料试验规程》（JTG E20—2011）（以下简称《规程》），进行 –10℃下弯曲试验来评价沥青混合料的低温抗裂性能。

采用《规程》中 T0703 沥青混合料轮碾成型的板块状试件，用切割法制作棱柱体试件，尺寸为长（250±2.0）mm、宽（30±2.0）mm、高（35±2.0）mm 的小梁试件，每组采用 6 个平行试件，在 –10℃的温控箱中保温 4h 以上。

将梁式支座安放好，测定下支座中心距（200±0.5）mm。上压头及支座为半径 10mm 的圆弧形固定钢棒，可以自由活动并与试件紧密接触。上压头位置居中，与下压头保持平行，并两侧等距离，然后将其位置固定。将试件对称安放在支座上，试件上下方向应与试件成型时方向一致。

加载系统也采用 UTM-250 沥青混合料综合试验系统，以 50mm/min 的加载速率在跨径中央施加集中荷载，直至试件破坏。试验过程如图 2.46 和图 2.47 所示。

图 2.46 小梁弯曲试验：破坏前

图 2.47 小梁弯曲试验：破坏后

分别按式（2-31）、式（2-32）和式（2-33）计算试件破坏时的抗弯拉强度 R_B、梁底最大弯拉应变 ε_B 和弯曲劲度模量 S_B。

$$R_B = \frac{3LP_B}{2bh^2} \tag{2-31}$$

$$\varepsilon_B = \frac{6hd}{L^2} \tag{2-32}$$

$$S_B = \frac{R_B}{\varepsilon_B} \tag{2-33}$$

式中，R_B 为试件破坏时的抗弯拉强度，MPa；ε_B 为试件破坏时的最大弯拉应变，$\mu\varepsilon$；S_B 为试件破坏时的弯曲劲度模量，MPa；L 为试件的跨径，mm；P_B 为试件破坏时的最大荷载，N；b 为跨中断面试件的宽度，mm；h 为跨中断面试件的高度，mm；d 为试件破坏时的跨中挠度，mm。

本项目采用低温弯曲试验来评价沥青混合料的低温型，沥青混合料的低温弯曲试验采用破坏应变和刚度模量作为评价沥青混合料低温抗裂性的指标。破坏应变越大或刚度模量越低，沥青混合料的低温性能越好。测试结果如图 2.48 所示。

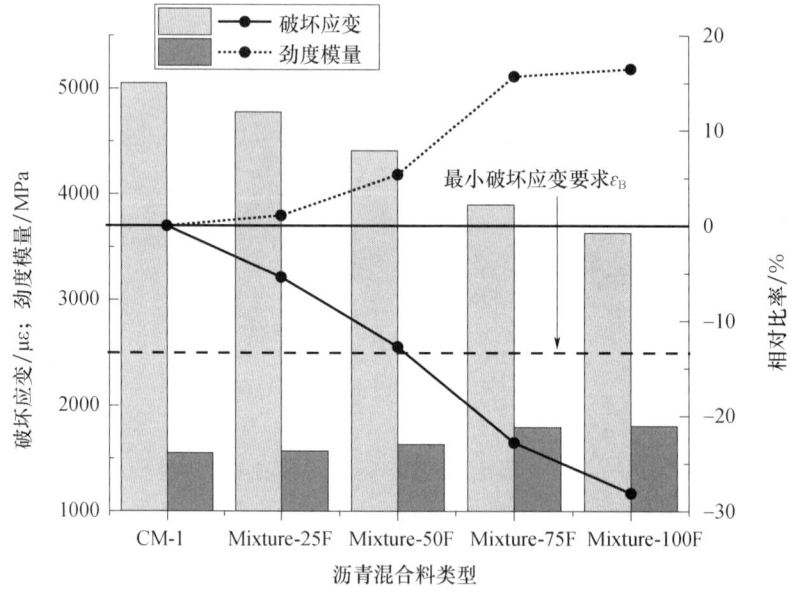

图 2.48　沥青混合料的低温弯曲试验结果

采用粉煤灰漂珠完全替代矿粉制备沥青混合料，其破坏应变降低了 28.1%，劲度模量提高了 16.5%，表明粉煤灰漂珠沥青混合料的低温性能明显下降。这是因为粉煤灰漂珠的微观形态为球形，导致其与沥青之间的黏附性较差，在低温环境下沥青胶浆的黏结效果降低。因此，采用粉煤灰漂珠替代矿粉制备沥青混合料会影响沥青路面的低温抗裂性能。

2.2 玻璃微珠低导热沥青胶浆和混合料的性能评价

本小节通过添加具有低导热系数的玻璃微珠作为填料，降低沥青混合料的导热系数，提高其热阻性能。为了研究玻璃微珠替代矿粉作为填料对沥青路面的性能影响，课题测试了玻璃微珠的性能，并分析了玻璃微珠低导热沥青胶浆及沥青混合料的导热系数、高温性能、动态性能、低温性能和疲劳性能。

2.2.1 玻璃微珠和矿粉性能表征

（1）密度测试

采用 2.11 节中的轻质填料密度测试方法，测试得到玻璃微珠的密度也远小于矿粉，仅有 0.425g/cm³。

（2）填料粒径分析

图 2.49 显示了玻璃微珠和矿粉的粒径分布。矿粉的粒径分布范围广泛，而玻璃微珠的粒度分布比较集中，玻璃微珠的粒度整体大于矿粉的粒度。通过选取颗粒累积分布为 10% 的粒径 D10、颗粒累积分布为 50% 的粒径 D50、颗粒累积分布为 90% 的粒径 D90 以及颗粒的平均粒径 Dav 定量分析二者的粒径差异，如表 2.8 所示。矿粉的粒径差异性较大，玻璃微珠的粒度分布参数均大于矿粉，说明玻璃微珠的粒度大于矿粉的粒度。

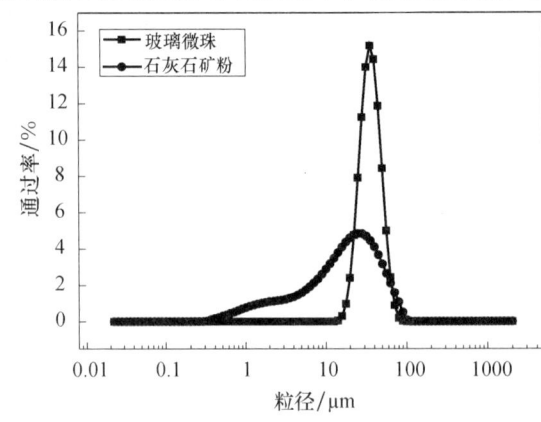

图 2.49 填料粒径分布

表 2.8 填料粒度分布参数

填料种类	D10/μm	D50/μm	D90/μm	Dav/μm
玻璃微珠	23.051	33.794	49.034	35.153
矿粉	1.997	16.539	46.635	20.635

(3) 填料比表面积测试

通过测试将玻璃微珠和矿粉比表面积汇总于表 2.9。玻璃微珠的比表面积远小于矿粉的比表面积，一方面是因为玻璃微珠的粒度大于矿粉的粒度，粒度越大比表面积就越小；另一方面是因为玻璃微珠呈现球形，球形的比表面积要小于其他形状。填料的比表面积越小，填料与沥青的接触面积就越大，矿粉与沥青的黏附性强于玻璃微珠。因此，以玻璃微珠作为填料可能会影响沥青胶浆的流变性能。

表 2.9 填料比表面积

填料种类	玻璃微珠	石灰石矿粉
比表面积/(m²/g)	0.0759	1.13
密度/(g/cm³)	0.425	2.75

(4) 填料微观形态

玻璃微珠和矿粉的电镜扫描图像如图 2.50 所示。玻璃微珠微观形态呈现较为规则的球形，表面较为光滑，基本无棱角。矿粉是由石灰岩矿物质研磨而成的细粉，微观颗粒形状与石料形状相似，无规则，颗粒表面棱角显著，裂隙发育明显，且矿粉颗粒大小明显小于玻璃微珠颗粒，颗粒尺寸分布广泛。不同颗粒的形状、纹理构造及棱角性使得填料的物理性质各不相同，在沥青胶浆中，填料主要通过吸附沥青中轻质组分实现增强黏性与稳定作用，矿粉具有不规则的形状以及丰富的裂隙和棱角，有利于沥青与填料的黏附，进而改善沥青胶浆的性能。

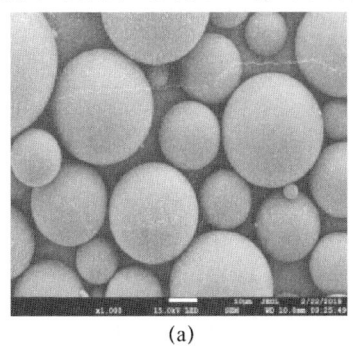
(a)

(b)

图 2.50 玻璃微珠及矿粉扫描电镜图像

(5) XRF 成分测试

玻璃微珠和矿粉的 XRF 测试结果汇总于表 2.10。玻璃微珠的主要成分为 O、Si、Ca 和 Na 等元素，还存在一些过渡性元素，而矿粉的主要成分为 O 和 Ca 等元素。与玻璃微珠相比，矿粉不含 Na、Cl、Ti、Cr 和 Zr 元素，玻璃微珠中不含 Sr 元素。不同元素组成及含量会影响沥青与填料接触面上的物理化学反应，进而影响沥青胶浆和沥青混合料的使用性能。

表 2.10 填料的化学元素组成与含量

元素类型	元素组成/%	
	玻璃微珠	矿粉
O	48.2	47.7
Mg	0.112	0.41
Al	0.287	0.046
Si	37.31	0.0915
S	0.0881	0.009
K	0.011	0.012
Ca	6.991	39.44
Fe	0.0508	0.0316
Cu	0.006	0.006
Sr		0.0205
Na	6.881	
Cl	0.012	
Ti	0.027	
Cr	0.008	
Zr	0.0069	

(6) XRD 物相测试

玻璃微珠和石灰石矿粉的 XRD 测试结果如图 2.51 所示。

从玻璃微珠的 XRD 衍射图谱中可以看出，在 2θ 角为 20°~35°有一个连续宽峰的漫射包，为无定形 SiO_2 的峰，说明玻璃微珠主要为非晶体结构。从石灰石矿粉的 XRD 衍射图谱中可以看出其具有明显的晶体结构，矿粉中的主要结晶相为方解石和白云石，化学组成为 $CaCO_3$ 和 $CaMg(CO_3)_2$。沥青显弱酸性，石灰石矿粉中的方解石结晶显弱碱性，与沥青结合性能好，而玻璃微珠中的SiO_2玻璃相显酸性，与沥青的黏附性较弱。因此，石灰石矿粉与沥青的结合性能优于玻璃微珠，沥青胶浆和沥青混合料的使用性能更优。

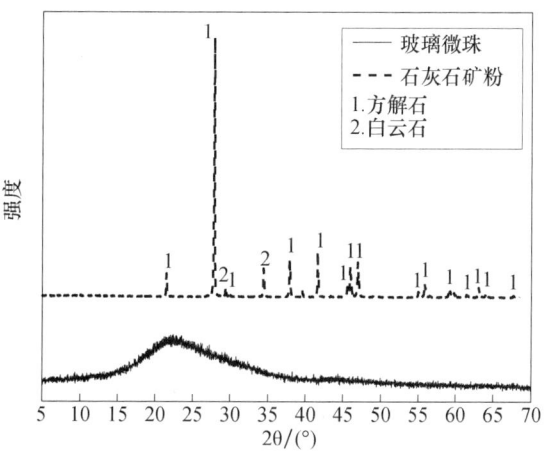

图2.51　玻璃微珠和石灰石矿粉的XRD衍射图谱

2.2.2　玻璃微珠低导热沥青胶浆性能测试

（1）沥青胶浆制备

本书所用玻璃微珠和矿粉的密度为$0.425g/cm^3$和$2.75g/cm^3$，与矿粉的密度有较大的差异，因此，采用等体积替代矿粉的原则制备沥青胶浆，沥青胶浆的制备方法参照2.1.2节，粉胶比控制为1.2。制备了5种不同矿粉-玻璃微珠比例的沥青胶浆，具体命名标号和掺量见表2.11。

表2.11　沥青胶浆组分质量比　　　　　　　　　　（单位:%）

胶浆类别	替代比例	沥青	矿粉	玻璃微珠
CM-2	0	100	120	—
Mastic-25G	25	100	90	4.7
Mastic-50G	50	100	60	9.3
Mastic-75G	75	100	30	14.0
Mastic-100G	100	100	—	18.8

（2）FTIR测试

将6种样品的红外光谱分析结果汇总至图2.52。

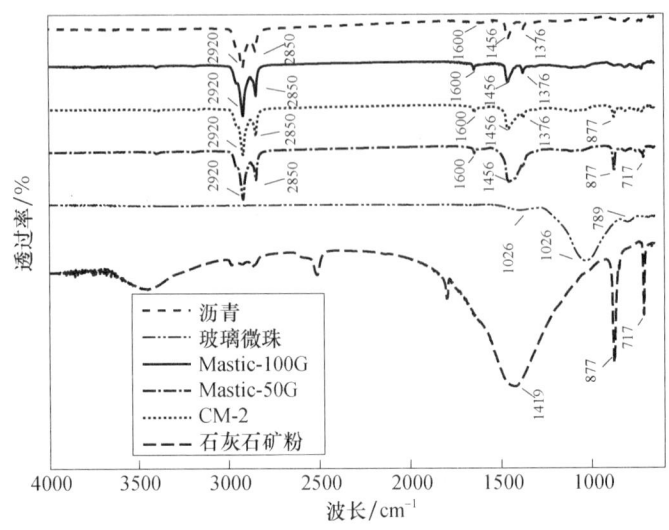

图 2.52 沥青胶浆的红外光谱图

从图 2.52 中可以看出，沥青的主要特征吸收峰及其对应基团振动为：$2920cm^{-1}$ 附近，较强的尖锐吸收峰，为亚甲基—CH_2—的反对称伸缩振动峰；$2850cm^{-1}$ 处有一尖锐吸收峰，为亚甲基—CH_2—的对称伸缩振动峰；$1456cm^{-1}$ 附近为强度中等的吸收峰，峰型尖锐，为甲基 C—CH_3 中 C—H 面内伸缩振动（变角振动）峰和—CH_2—中 C—H 面内伸缩振动（弯曲振动）峰；$1376cm^{-1}$ 处为—CH_3 的对称变角振动（剪式振动）产生的吸收峰；$900 \sim 650cm^{-1}$ 之间出现的是苯环上 =C—H—面外摇摆振动吸收峰。

玻璃微珠的主要特征吸收峰及其对应的基团振动为：$1026cm^{-1}$ 处是 Si—O—Si 非对称伸缩振动的特征吸收峰；$1389cm^{-1}$ 附近为 O—H 弯曲振动的特征吸收峰；$798cm^{-1}$ 附近为 Si—O—Si 的特征吸收峰。

矿粉的主要特征吸收峰及其对应的基团振动为：$3448cm^{-1}$ 附近的宽吸收峰是由于 H—O 键的对称伸缩振动和不对称伸缩振动所产生的，它可归因于样品表面的羟基和吸附水的存在。$1419cm^{-1}$ 附近有一强吸收峰，这是方解石形碳酸钙晶体的 C—O 键的不对称伸缩振动。$877cm^{-1}$、$717cm^{-1}$ 处的吸收峰与方解石晶体中的 C—O 键的弯曲振动有关。

对比图 2.52 中 6 条红外光谱谱线可以发现，掺加矿粉作为填料的沥青胶浆既包含了基质沥青的特征吸收峰又包含了矿粉的特征吸收峰，而且没有出现新的特征吸收峰。由此可以判断，在沥青胶浆中矿粉与基质沥青仅仅是物理共混并没有发生化学反应。掺加玻璃微珠作为填料的沥青胶浆中可以明显看到基质沥青的特征吸收峰，但是无法看出玻璃微珠的特征吸收峰，说明玻璃微珠与沥青仅为物理共混，两者兼容性良好。

（3）导热系数测试

为了能够准确说明玻璃微珠应用于沥青路面对其传热性能的影响，测量了不同玻璃微珠掺量沥青胶浆的导热系数，结果汇总于图2.53。

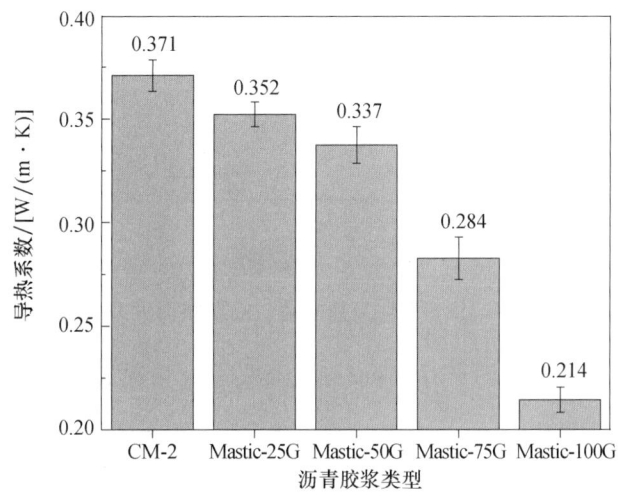

图2.53 沥青胶浆的导热系数

根据图2.53可知，以玻璃微珠替代矿粉作为填料制备沥青胶浆可大幅降低其导热系数。Mastic-100F的导热系数比矿粉沥青胶浆低0.1569W/（m·K），降低了约40%。因此，可以通过玻璃微珠等体积替代矿粉可有效降低沥青胶浆的导热系数，可以降低沥青路面的热量向下传递，降低路面内部温度。

（4）动态温度扫描

本项目通过动态温度扫描研究沥青胶浆在不同温度下的力学性能。沥青胶浆在试验温度下的复数剪切模量 G^* 和相位角 δ 的变化情况如图2.54所示。

由图2.54可以看出，随着温度逐渐升高，沥青胶浆的复数模量均不断降低，相位角均不断增大，表明温度对沥青胶浆的复数剪切模量和相位角影响显著。在测试温度范围内，随着玻璃微珠的替代比例的不断增加，复数剪切模量不断降低，表明掺加玻璃微珠会降低沥青胶浆的硬度。但从相位角的角度分析，玻璃微珠的掺入降低了沥青胶浆的相位角，增强了沥青的弹性性能。总体而言，使用玻璃微珠替代石灰石矿粉制备胶浆，虽然使沥青胶浆的黏度降低，但却增加了沥青胶浆的弹性，其恢复能力得到了提高。

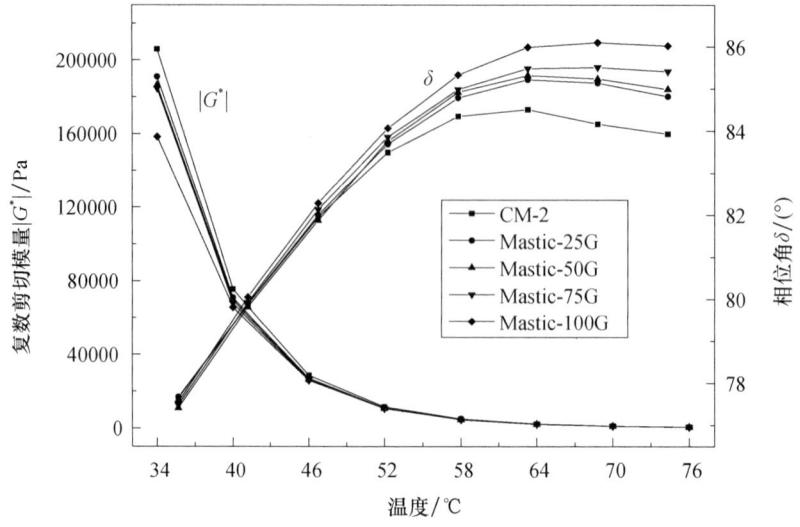

图 2.54　沥青胶浆复数模量、相位角-温度关系图

5 种沥青胶浆的车辙因子 $G^*/\sin\delta$ 随温度的变化情况如图 2.55 所示。

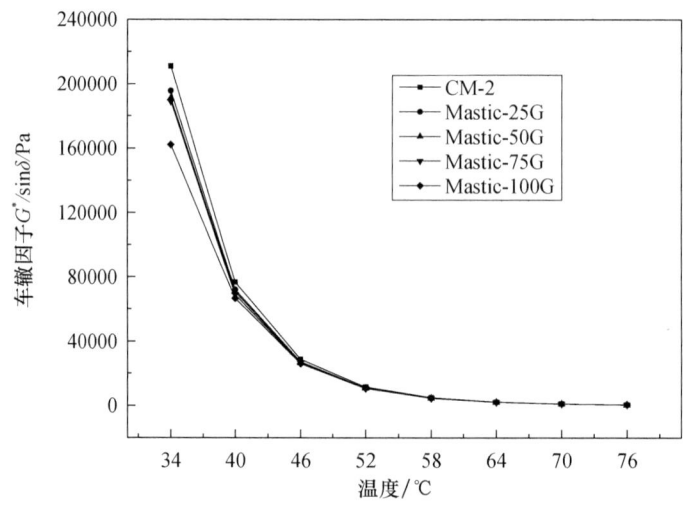

图 2.55　沥青胶浆车辙因子-温度关系图

由图 2.55 可知，沥青胶浆的车辙因子均随温度升高而不断降低，说明随温度的升高沥青胶浆的高温抗变形性能不断降低。随着替代比例的不断提高，车辙因子与复数模量的变化趋势基本一致，车辙因子总体上也在不断降低。虽然玻璃微珠替代矿粉减小了沥青胶浆的相位角，增加了复数模量中弹性成分所占比例，但是玻璃微珠引起的复数模量 G^* 的降低程度较大，所以玻璃微珠替代矿粉会影响沥青胶浆的抗车辙性能。

（5）动态频率扫描

分别在40℃、60℃和80℃ 3种温度下进行动态频率扫描，得到了不同沥青胶浆在不同温度和频率下的复数模量和相位角，结果汇总于图2.56、图2.57和图2.58。

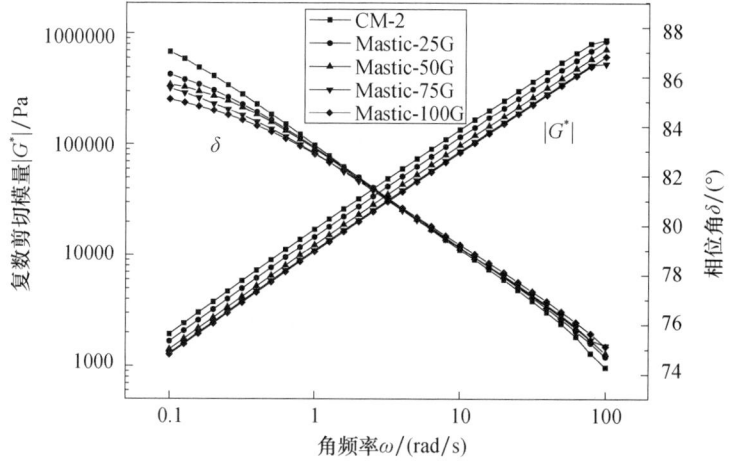

图2.56　40℃沥青胶浆复数模量、相位角-频率关系图

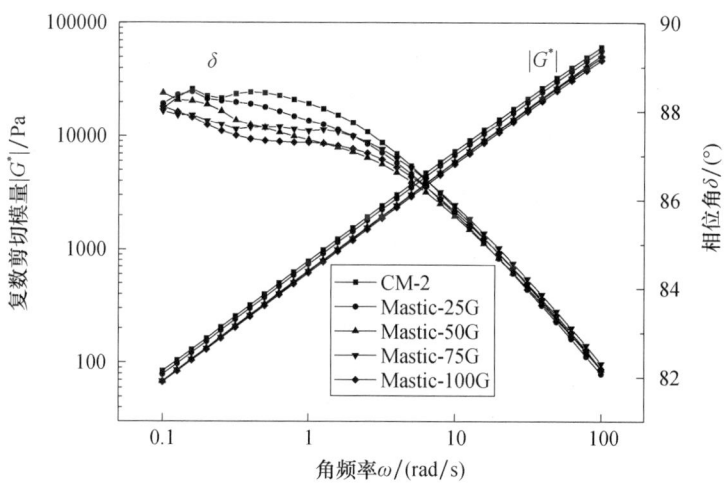

图2.57　60℃沥青胶浆复数模量、相位角-频率关系图

由图2.56～图2.58可知，在相同温度条件下，随着加载频率的不断提高，沥青胶浆的复数剪切模量均不断增加，相位角逐渐减小。在相同温度和频率下，随着玻璃微珠替代矿粉比例的提高，沥青胶浆的复数剪切模量逐渐降低。这说明相对于矿粉，玻璃微珠降低了沥青的弹性和黏性，对沥青高温抗车辙能力不利。

从相位角的角度分析，在相同温度和加载频率下，随着玻璃微珠替代比例的提高，沥青胶浆的相位角逐渐降低。说明用玻璃微珠替代矿粉后，提高了沥青的弹性性能。总体而言，用玻璃微珠替代矿粉对其抗车辙性能有不利影响。

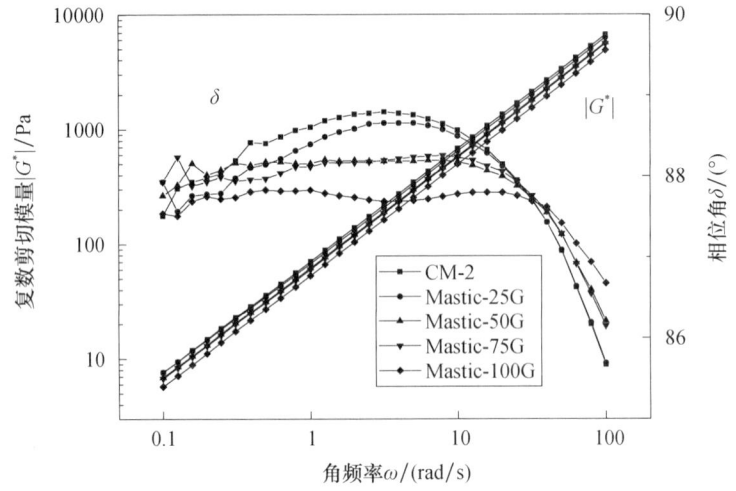

图 2.58　80℃沥青胶浆复数模量、相位角-频率关系图

（6）多应力重复蠕变恢复试验

图 2.59 为沥青胶浆在 58℃下的 MSCR 试验曲线，呈现了沥青胶浆的剪切应变随时间的变化情况。从图 2.59 中可以看出，未使用玻璃微珠替代的沥青胶浆无论是在 0.1kPa 还是在 3.2kPa 应力荷载水平作用下产生的累积应变都要低于玻璃微珠沥青胶浆。而且，随着玻璃微珠替代量的不断增加，沥青胶浆的剪切应变越来越大，且在应力水平为 0.1kPa 时，随着玻璃微珠替代量的不断增加，卸载恢复的应变值增加。

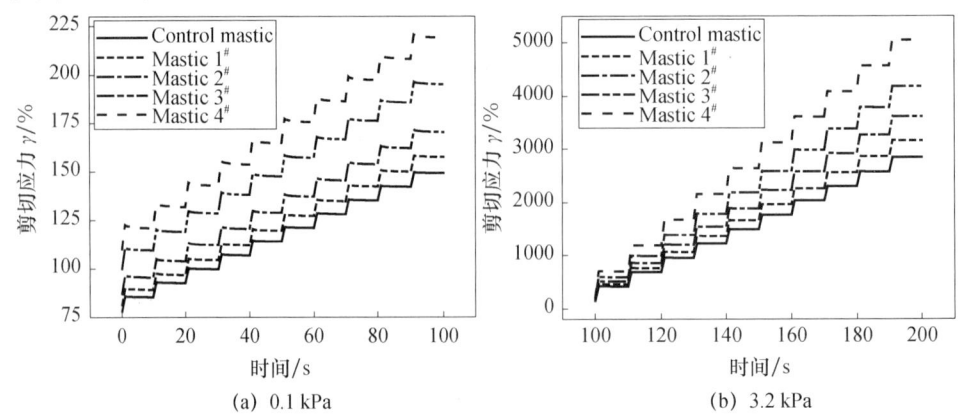

图 2.59　沥青胶浆的 MSCR 试验曲线

图2.60为0.1kPa和3.2kPa下不同玻璃微珠替代比例的蠕变恢复率 R 值。可以看出，在应力水平为0.1kPa时，随着玻璃微珠替代量的不断增加，其蠕变恢复率也在不断提升。完全使用玻璃微珠作为填料比采用矿粉的蠕变恢复率提升了一倍。应力水平为3.2kPa时，由于应力水平较大，不同沥青胶浆蠕变恢复的应变相对于其产生的剪切应变较小，R 值均低于1%且变化幅度不明显，以玻璃微珠替代石灰石矿粉对沥青胶浆的影响可忽略不计。

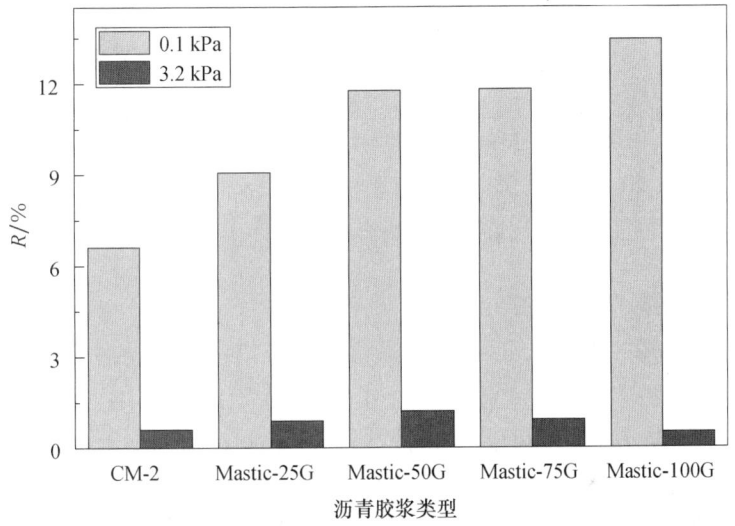

图2.60 两种应力水平下沥青胶浆的 R 值

图2.61为0.1kPa和3.2kPa应力条件下的不可恢复蠕变柔量 J_{nr} 和两者不可恢复蠕变的差异百分数 $J_{nr\text{-}diff}$。可以看出，随着玻璃微珠替代比例的不断增加，0.1kPa和3.2kPa应力水平下的不可恢复蠕变柔量也随之增加，说明用玻璃微珠替代矿粉会降低其抵抗变形的能力，影响沥青的抗车辙能力。从不可恢复蠕变柔量的差异百分数来看，随着玻璃微珠替代比例的不断增加，$J_{nr\text{-}diff}$ 也在不断增加，说明用玻璃微珠替代矿粉会提高沥青胶浆的应力敏感性，沥青胶浆性能受应力大小影响较大。

根据多应力重复蠕变恢复试验的结果可以看出，用玻璃微珠替代石灰石矿粉虽然能够在低应力水平下能提高沥青胶浆的蠕变恢复率，但是总体而言其不可恢复蠕变柔量随着玻璃微珠替代比例的增加而不断增加，沥青胶浆抵抗变形的能力不断下降。且沥青胶浆的应力敏感性增加，会影响沥青胶浆的抗车辙性能，与之前的温度扫描和频率扫描得到的结论基本吻合。

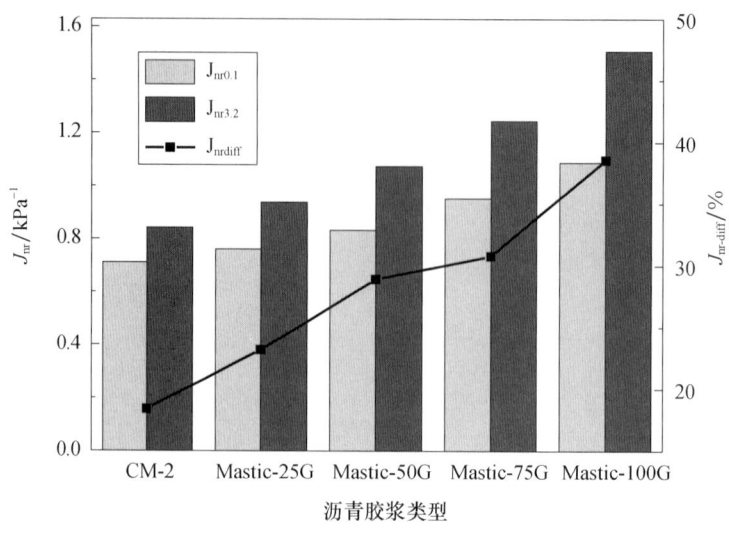

图 2.61 两种应力水平下沥青胶浆的 J_{nr} 和 $J_{nr\text{-}diff}$ 值

（7）线性振幅扫描试验

本试验均在单一温度 25℃下进行。首先进行第一阶段动态频率扫描，按照规范要求采集 12 个特定加载频率（0.2Hz、0.4Hz、0.6Hz、0.8Hz、1.0Hz、2.0Hz、4.0Hz、6.0Hz、8.0Hz、10Hz、20Hz、30Hz）下的复数剪切模量，将储存模量与加载频率的曲线汇总于图 2.62，并根据公式进行拟合。

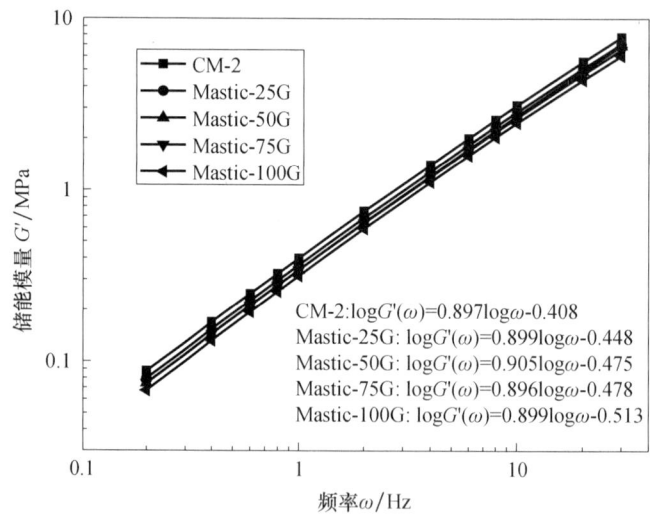

图 2.62 沥青胶浆频率扫描曲线

不同沥青胶浆在线性振幅扫描中的应力与应变关系如图 2.63 所示。从

图 2.63 中可以看出，不同替代比例的沥青胶浆具有相似的曲线形状。随着剪切应变的增加，剪切应力先不断增大达到峰值后开始不断减小。沥青胶浆的峰值剪切应力随着替代比例的提高而降低，但剪切应力峰值对应的应变基本相同。

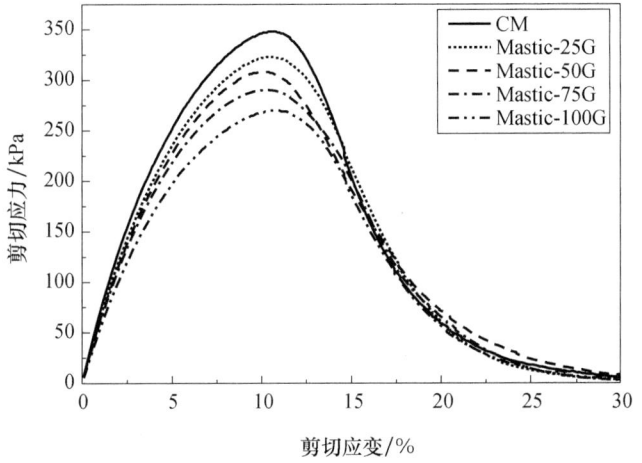

图 2.63 不同替代比例沥青胶浆在 LAS 试验中的应力应变关系

根据 AASHTO TP-101 计算出沥青胶浆的损伤因子，绘制不同沥青胶浆的损伤曲线与储存模量的关系曲线，如图 2.64 所示。本试验采用 $|G^*| \cdot \sin\delta$ 达到初始值的 35% 的累积疲劳损伤作为疲劳失效准则，由此计算出 A_{35}。根据 LAS 试验提供的相关公式，对 LAS 试验所得到的损伤曲线进行拟合，将拟合得到的参数汇总于表 2.12。

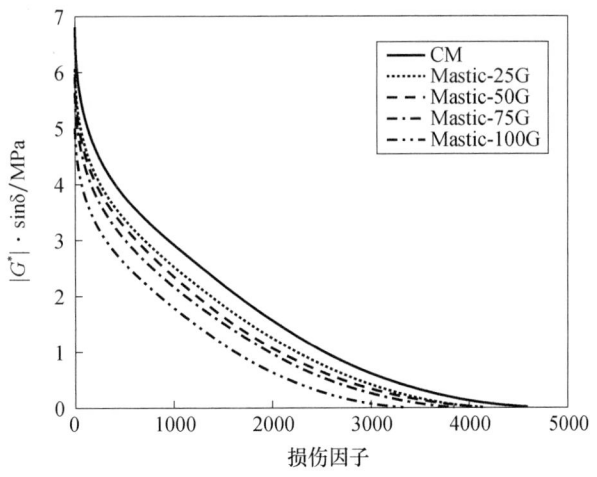

图 2.64 不同替代比例沥青胶浆的损伤曲线

表 2.12　沥青胶浆损伤特性曲线拟合参数

玻璃微珠替代比例/%	α	A_{35}
0	2.115	1.461×10^7
25	2.113	1.626×10^7
50	2.114	1.652×10^7
75	2.117	1.682×10^7
100	2.113	1.733×10^7

根据表 2.12，用掺加玻璃微珠作为填料的沥青胶浆所得的 A_{35} 高于未掺加的沥青胶浆，且随着玻璃微珠掺加比例的不断增加沥青胶浆的 A_{35} 也不断增加，其抗疲劳性能也不断提升，说明用玻璃微珠替代矿粉提高了沥青胶浆的抗疲劳能力。

分别计算了 2.5% 和 5% 两档应变水平计算沥青胶浆的疲劳寿命，如图 2.65 所示。可知，随着路面结构预估最大应变水平的提高，沥青胶浆的疲劳寿命显著降低。同一应变水平下，以玻璃微珠为填料的沥青胶浆疲劳寿命略高于以完全以石灰石矿粉为填料的沥青胶浆。通过线性振幅扫描试验得到，用玻璃微珠替代石灰石矿粉作为填料对沥青胶浆的疲劳性能影响不大。

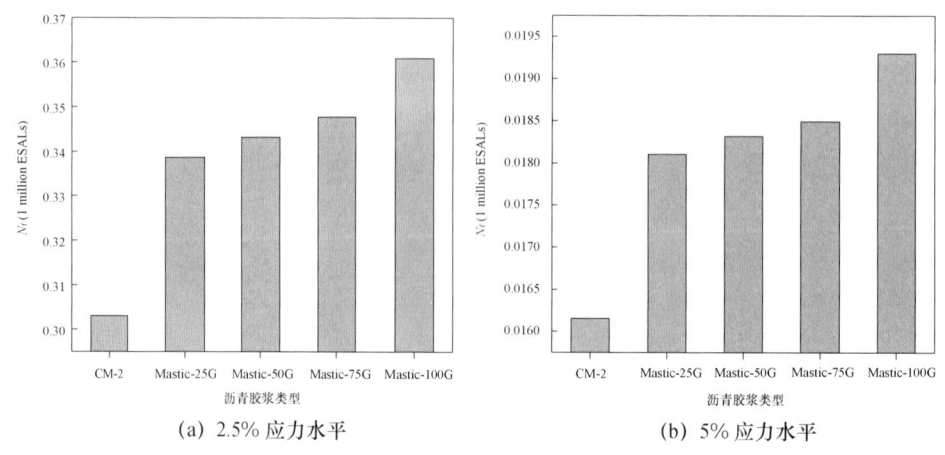

图 2.65　不同应变水平下的疲劳寿命

2.2.3　玻璃微珠低导热沥青混合料性能测试

(1) 沥青混合料制备

采用等体积替代矿粉的原则制备不同玻璃微珠替代比例的低导热沥青混合料。沥青混合料中集料、矿粉和玻璃微珠的质量比见表 2.13。玻璃微珠低导热沥青混合料的级配和沥青用量参照 2.1.3 节。

表 2.13 沥青混合料中集料、矿粉和玻璃微珠的质量比 （单位:%）

混合料类型	集料/mm			矿粉	玻璃微珠	玻璃微珠替代比例
	9.5～13.2	2.36～9.5	0～2.36			
CM-2	43	29.5	18	9.5	0	0
Mixture-25G				7.1	0.4	25
Mixture-50G				4.8	0.7	50
Mixture-75G				2.4	1.1	75
Mixture-100G				0	1.5	100

（2）导热系数测试

为了研究玻璃微珠替代石灰石矿粉对沥青路面导热性能的影响，对不同玻璃微珠掺量沥青混合料的导热系数进行测量，测试结果如图 2.66 所示。

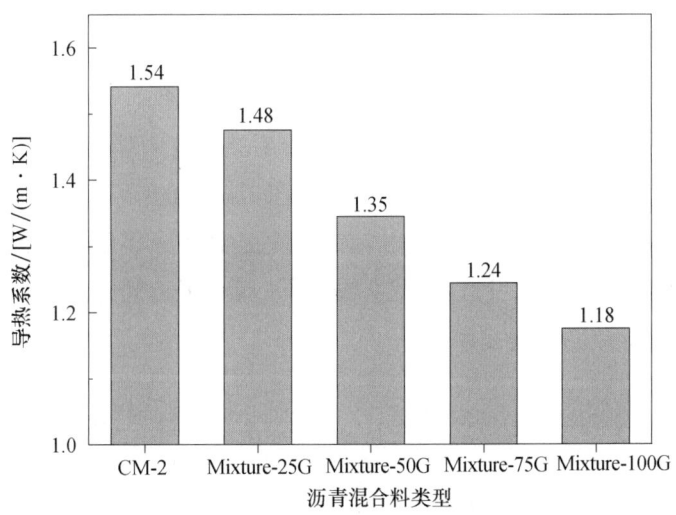

图 2.66 沥青混合料的导热系数

从图 2.66 可以看出，随着玻璃微珠替代量的不断增加，沥青混合料的导热系数不断降低，其中玻璃微珠完全替代矿粉后，试件的导热系数从 1.54W/（m·K）变为 1.19W/（m·K），导热系数降低了 23.38%。结果表明：以玻璃微珠作为填料能够发挥其低导热特性，因此，采用玻璃微珠等体积替代矿粉制备低导热沥青混合料具有可行性。

（3）动态蠕变试验

采用动态蠕变试验来研究沥青混合料的高温抗变形性能，将不同种类沥青混合料的累计变形情况绘制于图 2.67。

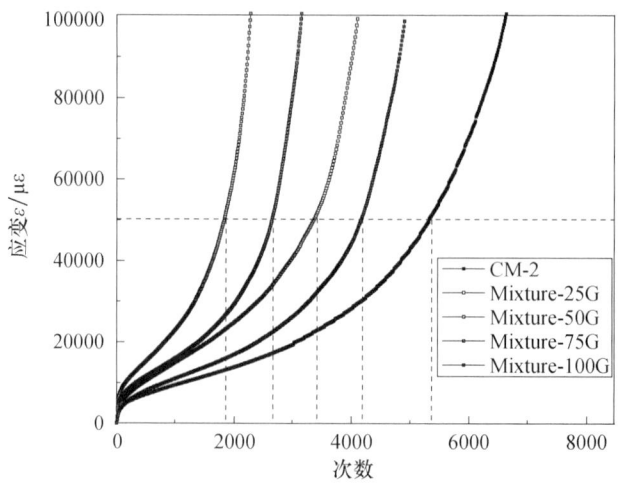

图 2.67 沥青混合料的永久变形曲线

从图中 2.67 可以看出，玻璃微珠的掺入使沥青混合料快速进入破坏期，加速了混合料的变形破坏。随着玻璃微珠替代量的不断增加，混合料产生 5% 的应变时所对应的加载次数不断降低。为了定量分析玻璃微珠对沥青混合料的抗车辙性能的影响，采用沥青混合料的流变次数 Fn 及其对应的蠕变速率 $\varepsilon_{\text{pslope}}$ 作为指标来表征混合料的蠕变性能。其中，Fn 越大，$\varepsilon_{\text{pslope}}$ 越小，表示沥青混合料的累计变形损伤越小，抵抗变形的性能越好。图 2.68 展示了不同种类沥青混合料的流变次数 Fn 及其对应的蠕变速率 $\varepsilon_{\text{pslope}}$。

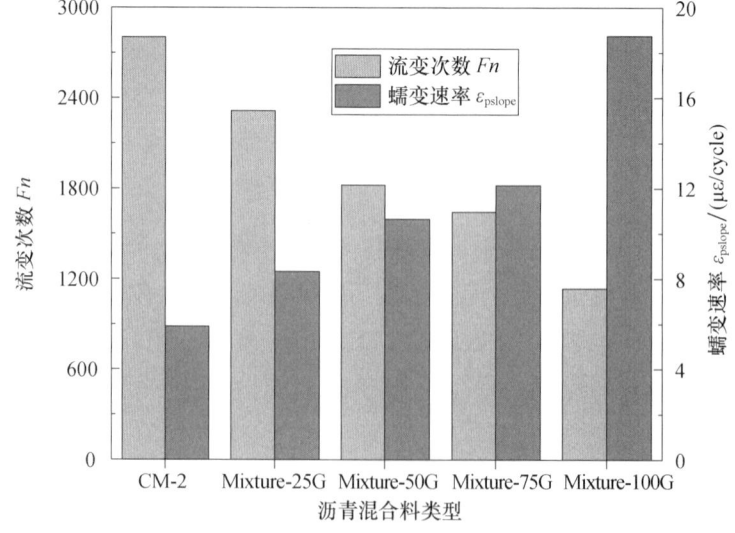

图 2.68 沥青混合料的流动次数 Fn 和蠕变速率 $\varepsilon_{\text{pslope}}$

玻璃微珠完全替代矿粉后，蠕变速率 $\varepsilon_{\text{pslope}}$ 从 5.90με/cycle 提高到 18.75με/cycle，说明玻璃微珠替代石灰石矿粉会加快沥青混合料的累计变形。流变次数从 2804 次降低到 1137 次，降低了 59.5%，同样说明玻璃微珠替代石灰石矿粉会大幅降低沥青混合料的高温稳定性，影响沥青混合料的路用性能。

（4）动态模量试验

通过动态模量试验研究沥青混合料的动力特性，不同类型沥青混合料在各个温度下的动态模量和相位角变化情况如图 2.69 所示。

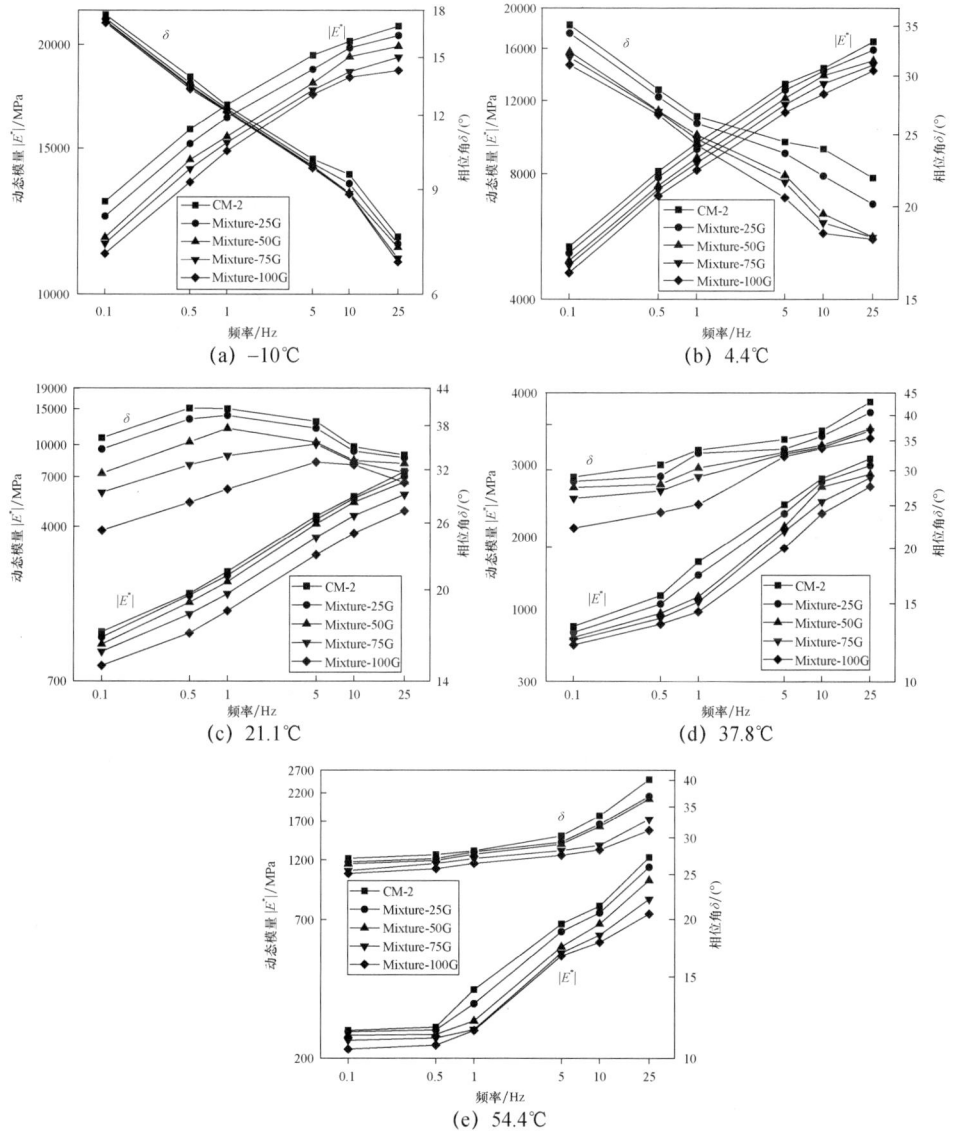

图 2.69　动态模量/相位角-频率关系

从图 2.69 可以看出，在不同温度和荷载作用频率下，随着玻璃微珠替代量的不断增加，沥青混合料的动态模量和相位角均不断降低。从动态模量来看，以玻璃微珠替代石灰石矿粉会降低混合料的动态模量，影响混合料抵抗变形的能力。从相位角来看，在低温条件下，相位角降低会导致混合料黏性降低，对混合料的低温抗裂性能产生了不利影响。而在高温条件下，相位角降低能够提高混合料弹性，有利于提高其抵抗变形的能力。总体而言，以玻璃微珠替代石灰石矿粉会降低混合料的抗变形能力。考虑到动态模量和相位角的耦合效应，为了准确评价沥青混合料的高温性能，图 2.70 展示了沥青混合料各个温度下动态模量组合参数 $|E^*|/\sin\varphi$ 随频率的变化而变化。

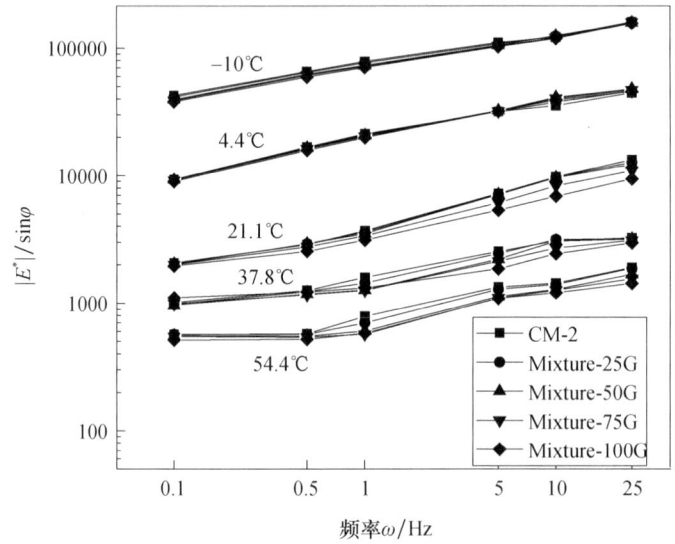

图 2.70　不同温度下 $|E^*|/\sin\varphi$-频率关系

从图 2.70 中可以发现，各个温度和频率下，玻璃微珠型沥青混合料的 $|E^*|/\sin\varphi$ 均低于普通沥青混合料，说明玻璃微珠替代矿粉，降低了沥青混合料抵抗变形的能力。为了准确研究加载频率对沥青混合料动态模量的影响，采用 21.1℃ 为参考温度绘制动态模量随加载频率变化的主曲线，通过反曲函数对不同沥青混合料的主曲线进行拟合，不同沥青混合料的主要曲线拟合参数和结果分别见表 2.14 和图 2.71。

表 2.14　主曲线拟合参数

参数	CM-2	Mixture-25G	Mixture-50G	Mixture-75G	Mixture-100G
δ	4.460	4.428	4.413	4.397	4.387

续表

参数	CM-2	Mixture-25G	Mixture-50G	Mixture-75G	Mixture-100G
α	-2.360	-2.366	-2.380	-2.400	-2.437
β	0.328	0.290	0.234	0.223	0.151
γ	0.619	0.583	0.559	0.556	0.520
$\delta+\alpha$	2.100	2.062	2.033	1.997	1.949
R^2	0.992	0.996	0.993	0.997	0.994

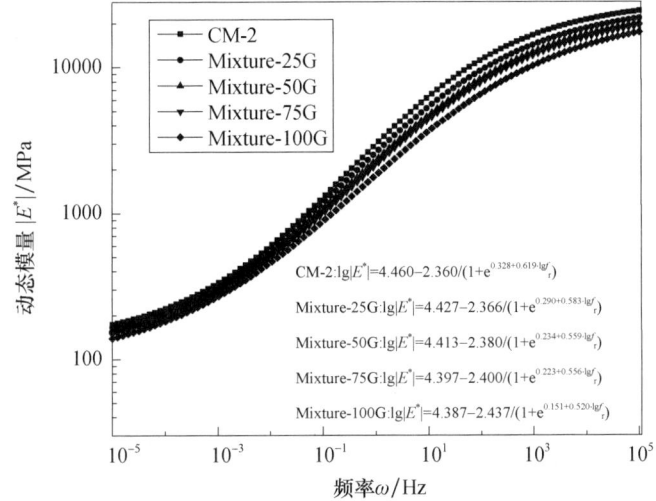

图 2.71 沥青混合料动态模量主曲线拟合结果

从表 2.14 可以看出，α 均为负值，因此，δ 为动态模量的最大值，而 $\delta+\alpha$ 为动态模量的最小值。随着玻璃微珠掺量的不断提高，动态模量的最大值和最小值均不断降低。从图 2.71 中可以看出，在不同加载频率下，掺加玻璃微珠后，混合料的动态模量降低，说明玻璃微珠的掺入降低了沥青混合料的抵抗变形的能力。这一结论与动态蠕变试验得出的结论一致。

(5) 低温弯曲试验

采用低温弯曲试验来评价沥青混合料的低温性能，将不同沥青混合料的低温弯曲试验结果汇总于图 2.72 中。

从图 2.72 中可以看出，随着玻璃微珠替代比例不断增加，破坏应变和应变能密度均减小，而劲度模量增大。与普通沥青混合料相比，Mixture-100G 的破坏应变和应变能密度分别降低了 12.1% 和 22.8%。Mixture-100G 的劲度模量提高了 7.5%。由图 2.72 的结果可知，3 个指标对评价沥青混合料低温性能的变化趋势是相同的。综上所述，玻璃微珠替代矿粉会降低沥青混合料的低温抗裂性能。

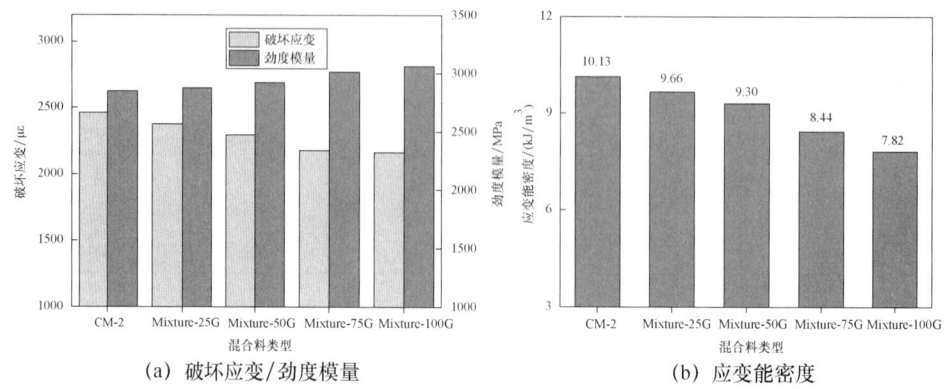

(a) 破坏应变/劲度模量　　　　(b) 应变能密度

图 2.72　低温弯曲试验结果

(6) 半圆弯曲试验

由于不同种类沥青混合料的劈裂强度不同，采用应力水平为变量来分析沥青混合料的疲劳性能是片面的。因此，本书采用荷载与劈裂强度的比值应力比为变量来分析混合料的疲劳性能，即半圆弯曲试验。该试验由强度试验和疲劳试验两部分组成，强度试验可为疲劳性能评价提供应力参数。试验采用的试件为直径为 150mm、厚度为 50mm 的半圆形试件。在试验过程中，试样被放置在底部边缘的两个圆柱形支架上。底部两个支撑物之间的距离应控制在试件直径的 0.8 倍（即 120mm）。加载速度为 50mm/min。为了模拟车辆加载的实际应力模式，采用加载时间为 0.1s，间歇时间为 0.9s 的半正弦加载模式。试验温度为 15℃，待试样底部出现明显裂纹时停止。试验过程如图 2.73 和图 2.74 所示。

首先对不同玻璃微珠替代量沥青混合料进行半圆弯曲强度试验，劈裂强度的测试结果如图 2.75 所示。

图 2.73　半圆弯曲试验：破坏前

图 2.74　半圆弯曲试验：出现明显裂缝

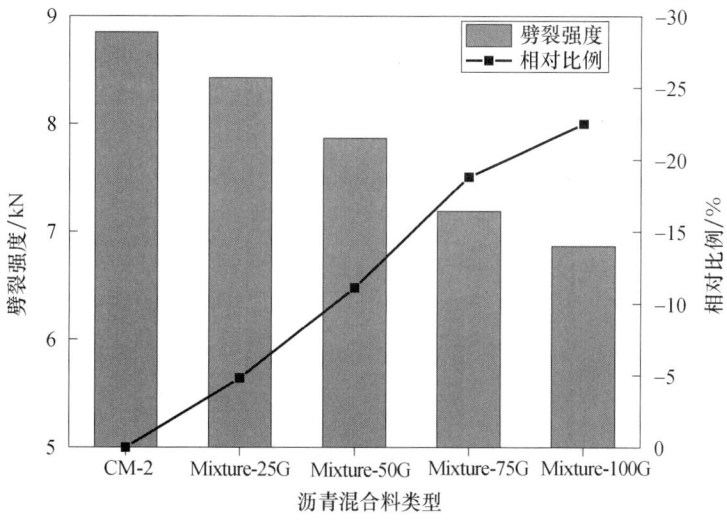

图 2.75 半圆劈裂强度

从图 2.75 中可以看出，随着玻璃微珠替代量的不断增加，沥青混合料的半圆劈裂强度不断降低。由于沥青混合料的强度主要靠集料骨架间的嵌挤作用和沥青胶浆与集料之间的黏聚力组成，上述混合料的级配组成是相同的，说明玻璃微珠替代矿粉会降低沥青胶浆的黏附性，从而降低沥青混合料的劈裂强度。

为了模拟路面的实际疲劳受力情况，应力比必须控制在合理的范围。应力比太大，则试件将快速破坏，与实际情况不符；应力比太小，则试件疲劳寿命太长甚至不发生破坏。结合半圆弯曲强度测试的试验结果，确定半圆弯曲疲劳试验的应力水平和应力比，混合料疲劳测试的荷载水平和应力比取值如表 2.15 所示。

表 2.15 半圆弯曲疲劳试验的荷载水平和应力比

混合料类型	劈裂强度/kN	荷载和应力比				
CM-2	8.852	荷载/kN	1.2	1.6	2.0	2.4
		应力比	0.14	0.18	0.23	0.27
Mixture-25G	8.426	荷载/kN	1.2	1.6	2.0	2.4
		应力比	0.14	0.19	0.24	0.28
Mixture-50G	7.867	荷载/kN	1.2	1.6	2.0	2.4
		应力比	0.15	0.20	0.25	0.31
Mixture-75G	7.189	荷载/kN	1.2	1.6	2.0	2.4
		应力比	0.17	0.22	0.28	0.33
Mixture-100G	6.864	荷载/kN	0.8	1.2	1.6	2.0
		应力比	0.12	0.17	0.21	0.27

沥青混合料的疲劳寿命可由下式拟合得到

$$N_f = kt^{-n}$$

N_f 为疲劳寿命；t 为应力比；k、n 为拟合参数。

将不同类型沥青混合料的半圆弯曲疲劳寿命进行拟合，并将疲劳寿命及其拟合曲线绘制于双对数坐标系中，如图 2.76 所示。

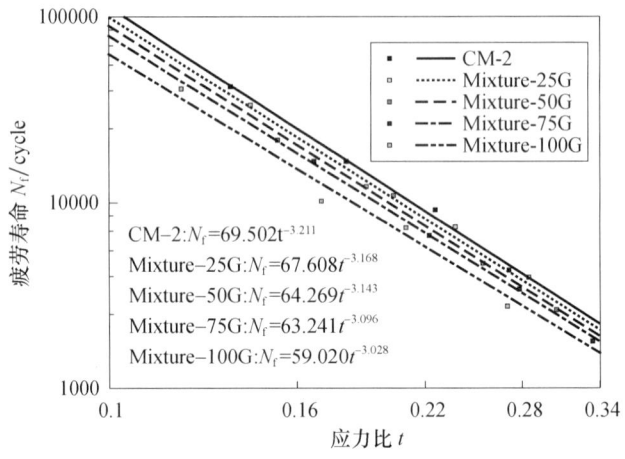

图 2.76 应力比和疲劳寿命关系图

从图 2.76 中可以看出，在双对数坐标系中，曲线呈线性关系。在相同的应力比下，随着玻璃微珠替代量的不断增加，沥青混合料的疲劳寿命降低且不同沥青混合料的拟合曲线互相平行。不同混合料的拟合参数 n 相差不大，说明玻璃微珠替代矿粉对混合料应力敏感性影响不大。随着玻璃微珠替代量的不断增加，拟合参数 k 不断降低，沥青混合料的截距降低，疲劳寿命下降。因此，采用玻璃微珠替代矿粉制备沥青混合料会降低其疲劳性能，降低路面使用寿命。

2.3 本章小结

本章为了评价和比选粉体型低导热沥混合料,分别测定了:①粉煤灰漂珠和玻璃微珠的成分和微观形态;②含粉煤灰漂珠和玻璃微珠的沥青胶浆高温和疲劳性能;③含粉煤灰漂珠和玻璃微珠的沥青混合料动态蠕变、动态模量、低温弯曲、半圆弯曲等路用性能和导热性能。

试验结果发现,粉煤灰漂珠和玻璃微珠等体积替代矿粉能够降低沥青胶浆和混合料的导热性能,有助于减少热量向路面内部传递。通过沥青胶浆和混合料的试验结果,粉煤灰漂珠和玻璃微珠对沥青胶浆和混合料的大多数性能不利。特别是两类粉体代替矿粉后,沥青胶浆和混合料的高温性能均大幅下降,这与项目提出的预期目标不符。

3 灌注式低导热沥青混合料性能评价

通过第 2 章的研究内容可以发现,尽管通过粉煤灰漂珠或玻璃微珠代替矿粉的形式可以降低沥青混合料的导热系数,但是上述低导热沥青混合料的高温抗车辙性能均有较大幅度的下降,这不符合本项目提出的在降低导热系数的基础上提高沥青混合料抗车辙性能的方案。为此,本书通过在大空隙基体沥青混合料中灌入水泥基灌浆料来替代部分集料制备灌注式热阻沥青路面。与常规路面相比,采用灌注式热阻沥青路面作为路面结构上面层,对抗车辙路面设计来说具有以下两方面优势:一方面,由于硬化水泥基灌浆料具有丰富的微观孔隙结构,与集料相比具有较低的导热系数,可以有效降低进入沥青路面内部的热量;另一方面,灌注式沥青路面依靠集料骨架之间的嵌挤作用和水泥基灌浆料共同形成材料强度,有效提高了路面抵抗车辆荷载作用的能力。本项目进行了灌注式热阻沥青的配合比设计并测试了其热物参数及路用性能。

3.1 大空隙沥青混合料的制备

根据体积设计法的相关试验和计算,初步确定 3 种不同空隙率(24%、27% 和 30%)的多孔沥青混合料 PAC-13 的级配,具体计算方法如下:

(1) 利用泰波公式 [式(3-1)] 来确定基体沥青混合料主骨架的级配组成。

$$p = 100 \times \left(\frac{d}{D}\right)^n \tag{3-1}$$

式中,p 为集料在筛孔尺寸 d 上的通过率,%;d 为集料的筛孔尺寸,mm;D 为集料的最大粒径,mm;n 为级配指数,取值范围为 0.4~0.7。

(2) 根据集料的表观密度和粗集料的紧装密度计算主骨架的空隙率 V_{V1}。

$$V_{V1} = 100 \times \left(1 - \frac{\rho_{sc}}{\rho_{tc}}\right) \tag{3-2}$$

式中,V_{V1} 为主骨架的空隙率,%;ρ_{sc} 为主骨架的紧装密度,g/cm^3;ρ_{tc} 为主骨架的表观密度,g/cm^3。

(3) 根据设计经验确定矿粉和沥青的用量。

(4) 依据体积法的基本思想:即细集料体积、沥青体积、矿粉体积和沥青混合料最终设计空隙体积之和等于主骨架空隙体积。利用式(3-3)和式(3-4)联立即可求得粗集料和细集料的用量 q_c 和 q_x。

$$q_c + q_x + q_k = 100\% \tag{3-3}$$

$$\frac{q_c}{100\rho_{sc}}(V_{V1} - V_V) = \frac{q_x}{\rho_x} + \frac{q_k}{\rho_k} + \frac{q_a}{\rho_a} \tag{3-4}$$

式中,q_c 为粗集料用量,%;q_x 为细集料用量,%;q_k 为矿粉用量,%;q_a 为沥青用量,%;V_{V1} 为粗集料主骨架的空隙率,%;V_V 为沥青混合料设计空隙率,%;ρ_x 为细集料的表观密度,g/cm^3;ρ_k 为矿粉的表观密度,g/cm^3;ρ_a 为沥青密度,g/cm^3。

(5) 对不同级配的马歇尔试件进行空隙率和马歇尔稳定度试验。根据试验结果和经验确定目标级配。

按照上述方法获取级配并制备了马歇尔试件测试其实际空隙率,最终确定的级配曲线如图3.1所示。

由于不同空隙率沥青混合料的级配曲线不同,需采用马歇尔法确定沥青用量。依据《公路工程沥青及沥青混合料试验规程》(JTG E20—2011)进行相关试验,测试各沥青用量下马歇尔试件的稳定度、毛体积密度、空隙率、饱和度和流值等指标,确定不同空隙率多孔沥青混合料的最佳沥青用量。相关测试结果如表3.1所示。

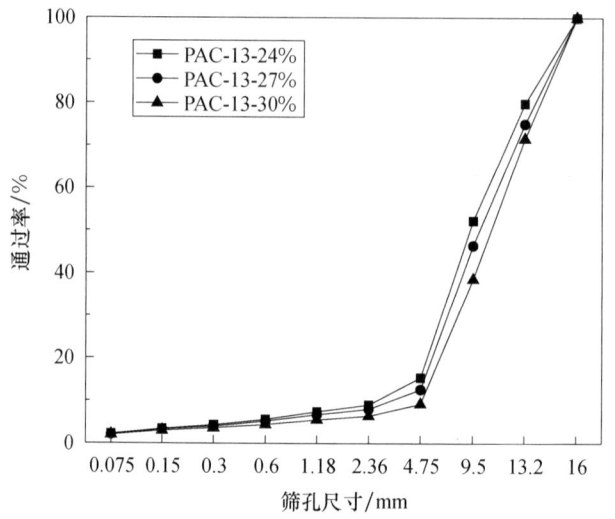

图3.1 多孔沥青混合料PAC-13的级配曲线图

表3.1 不同空隙率PAC-13的最佳沥青用量

级配类型	最佳沥青用量/%	计算最大理论密度/(g/cm³)	毛体积密度/(g/cm³)	空隙率/%	稳定度/kN	流值/mm
PAC-13-24%	3.8	2.62	1.98	24.3	5.86	2.04
PAC-13-27%	3.6	2.61	1.91	26.7	6.21	2.06
PAC-13-30%	3.4	2.60	1.83	29.6	5.35	1.98

从表3.1中可以看出,根据配合比设计结果制备的马歇尔试件,其实测空隙率与设计空隙率基本一致,而且3种混合料的稳定度均超过了5kN,具有足够的力学强度。

3.2 水泥基灌浆材料性能测试

本项目所用灌浆材料为南京兴佑交通科技有限公司生产的复合路面专用灌浆材料。根据已有的现场和试验经验试配了3种不同水胶比（0.3、0.32和0.34）的灌浆材料，依据《公路工程水泥及水泥混凝土试验规程》（JTG 3420—2020）测试了灌浆材料的各项性能指标。

3.2.1 灌浆材料的凝结时间和流动度

测试灌浆材料的凝结时间（T 0505）、流动度（T 0508）的试验结果如表3.2所示。

表3.2 灌浆材料的凝结时间和流动度

水胶比	初凝时间/min	终凝时间/min	流动度/s
0.3	70	105	15.7
0.32	75	115	12.4
0.34	78	120	11.3

测试结果表明，灌浆材料的初凝时间均超过了1h，保证了具有足够长的时间进行灌注施工，保证了复合路面具有优良的灌注饱满度。终凝时间均在2h以内，路面可以快速形成强度，缩短封闭交通的时间。推荐灌浆材料的流动度（锥桶法）范围为10~14s，水胶比为0.32和0.34的灌浆材料流动度均在推荐范围内，充分的流动度可以有效保证灌注效果。

3.2.2 灌浆材料的强度发展规律

将成型的40mm×40mm×40mm的抗压强度试件和40mm×40mm×160mm的抗折强度试件，放在温度为（20±2）℃，湿度为95%的养护箱内养护（图3.2），依据T 0506的强度试验要求测试了灌浆材料的强度。

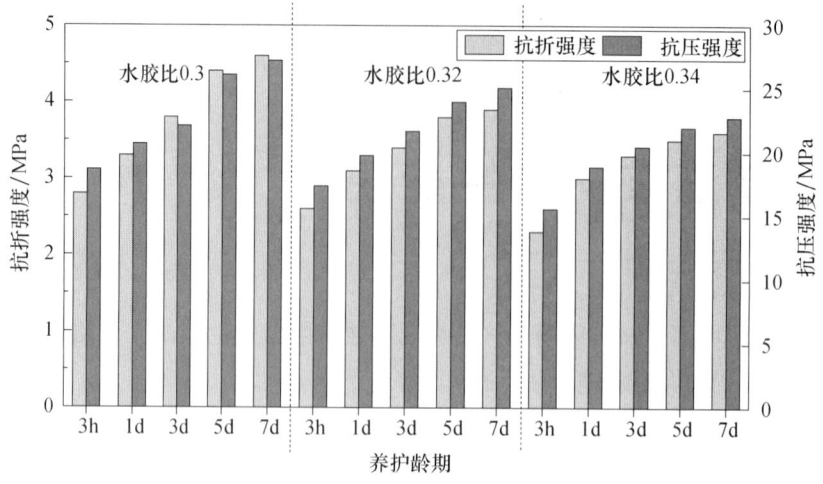

图 3.2　灌浆材料抗压和抗折强度变化规律

从图 3.2 可以看出，随着养护龄期的增大，灌浆材料的抗折和抗压强度均有所增长，但是增长幅度逐渐减缓，在 5～7d 时间内灌浆材料的强度增长幅度已不足 10%，因此可以认为养护 7d 灌浆材料的水化已经基本完成。在龄期相同的情况下随着水胶比的提高，试件的抗压、抗折强度也逐渐降低。

3.2.3　灌浆材料的密度和导热系数

选择养护 7d 后的灌浆材料试件测试其表观密度，然后采用 DRE-Ⅱ型导热系数测试仪测试灌浆材料的导热系数，见图 3.3。

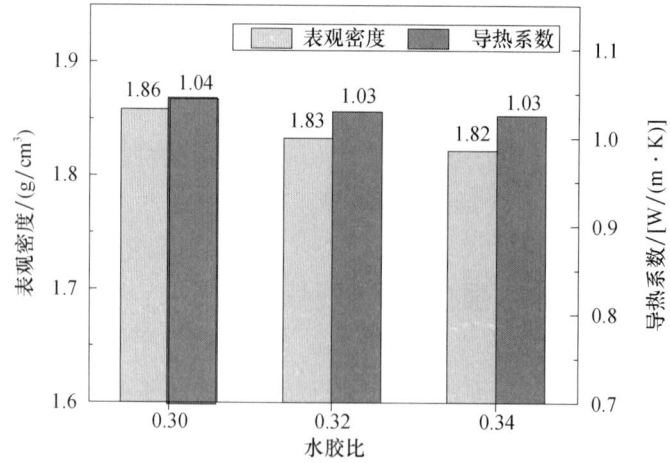

图 3.3　灌浆材料表观密度及导热系数测试

从图 3.3 可以看出，随着水胶比的增加，灌浆材料的表观密度和导热系数均有所降低，但是降低幅度非常小。这主要是随着水胶比的增加，单位体积内水泥及水化产物含量降低，内部空隙增加，从而导致灌浆材料的密度和导热系数也随之降低。但是，上述 3 种水胶比的变化对灌浆材料的密度和导热系数影响较小，影响幅度不足 3%。

综上所述，考虑到 3 种不同水胶比灌浆材料的各项性能差异，最终选择水胶比为 0.32 的灌浆材料应用于灌注式复合路面制备。

3.3 导热系数测试

为了研究灌注式沥青混合料（GAC-13）的导热系数，本项目采用基于瞬态平板热源法的导热系数测试仪测试了不同灌注式沥青混合料的导热系数，结果汇总于图 3.4。

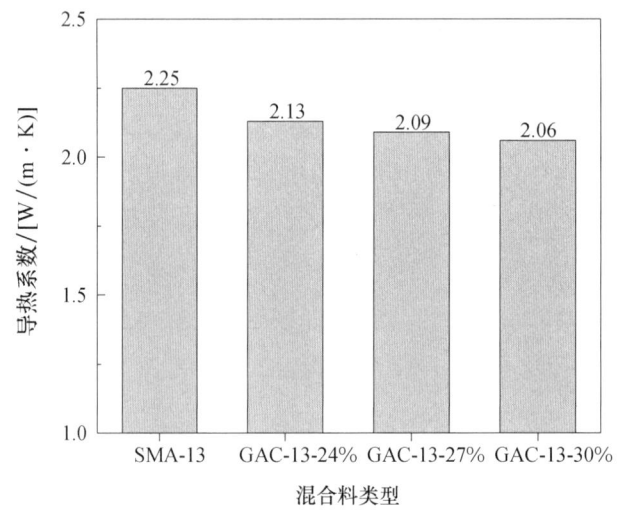

图 3.4 沥青混合料的导热系数

从图 3.4 中可以看出，灌注式沥青混合料的导热系数低于普通沥青混合料，而且随着混合料内水泥基材料比例的不断增加，导热系数不断降低。与 SMA-13 相比，GAC-13-30% 的导热系数降低了 8.5%。这是由于加入低导热系数的水泥基材料降低了沥青混合料整体的导热系数，表明灌注式沥青混合料可以提高沥青路面的阻热能力，从而降低路面内部温度。

3.4 动态蠕变试验

本项目采用动态蠕变试验对灌注式沥青混合料的高温性能进行评价，分别采用 600kPa 和 900kPa 两种应力水平进行试验。不同应力水平下灌注式沥青混合料的蠕变曲线变化情况和试件蠕变破坏情况如图 3.5 所示。

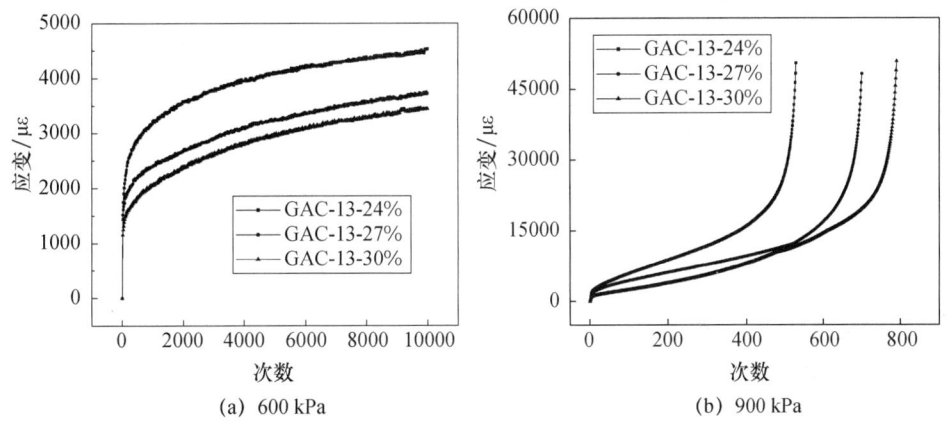

(a) 600 kPa　　　　　　　　　　　　(b) 900 kPa

图 3.5　灌注式沥青混合料蠕变曲线

普通沥青混合料在 300kPa 的应力作用下就会进入破坏阶段。从图 3.5 可以看出，灌注式沥青混合料在 600kPa 的动态荷载作用 10000 次后，仍然没有产生失稳破坏，变形一直处于稳定增长阶段；灌注式沥青混合料在 900kPa 应力作用下才会快速进入破坏阶段，表明灌注式沥青混合料具有优异的高温抗变形性能。而且随着基体沥青混合料空隙率的提升，混合料产生的蠕变变形越小，进入破坏阶段所需的时间更久。这是因为与普通沥青混合料相比，灌注式沥青混合料内部的空隙由硬化的水泥基材料填充，可以形成更有效的骨架嵌挤结构，而且水泥基材料的强度受温度影响较小，60℃下沥青已经软化，而水泥基材料的强度几乎不会发生变化。灌注式沥青混合料在稳定阶段主要是水泥基材料产生裂隙［图 3.6 (a)］。随着蠕变变形的不断积累，水泥基材料的裂缝不断扩展失去嵌挤支撑作用，试件迅速破坏变形［图 3.6 (b)］，表明水泥基材料的强度对混合料的高温稳定性具有显著影响。由于两种应力水平下蠕变曲线存在本质差异，对于600kPa蠕变曲线（稳定阶段的蠕变速率 ε_{pslope} 和5000次循环对应的应变）和900kPa的蠕变曲线（流变次数 F_n 及其对应的蠕变速率 ε_{pslope}）分别选取不同的指标进行定量分析，计算结果如图3.7所示。

(a) 稳定阶段

(b) 破坏阶段

图3.6 灌注式沥青混合料动态蠕变试验破坏图

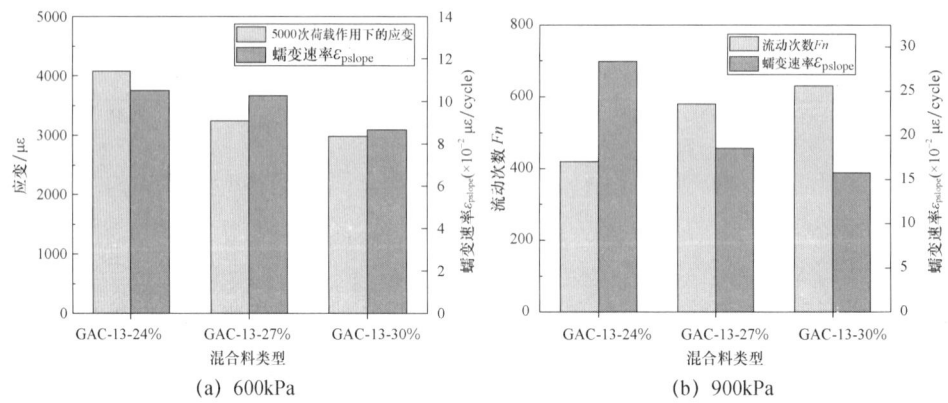

(a) 600kPa

(b) 900kPa

图3.7 动态蠕变试验的分析指标

根据600kPa的蠕变指标可以看出，随着基体沥青混合料空隙率的提高，灌注式沥青混合料稳定阶段的蠕变速率 ε_{pslope} 和5000次动态荷载作用下产生的蠕变应变分别降低了17.6%和26.9%。分析900kPa的蠕变指标可以得到，随着基体沥青混合料空隙率从24%提升到30%，灌注式沥青混合料稳定阶段的蠕变速率 ε_{pslope} 降低了44.3%，从而有效增加了混合料的流动次数。产生上述现象的主要原因是：灌注式沥青混合料的高温抗变形性能主要来自水泥基材料和集料骨架间的嵌挤作用。基体沥青混合料的空隙率越大，其灌注效果越好，骨架嵌挤填充效果越显著，混合料的抗变形性能就越强。

综上所述，灌注式沥青混合料具有优异的高温抗变形性能，而且随着灌注水泥基材料比例的增加，其高温性能会不断提升。

3.5 低温弯曲试验

采用小梁试件进行低温弯曲试验来评价灌注式沥青混合料的低温性能，图 3.8 和图 3.9 分别是试件的破坏断面和低温性能指标。

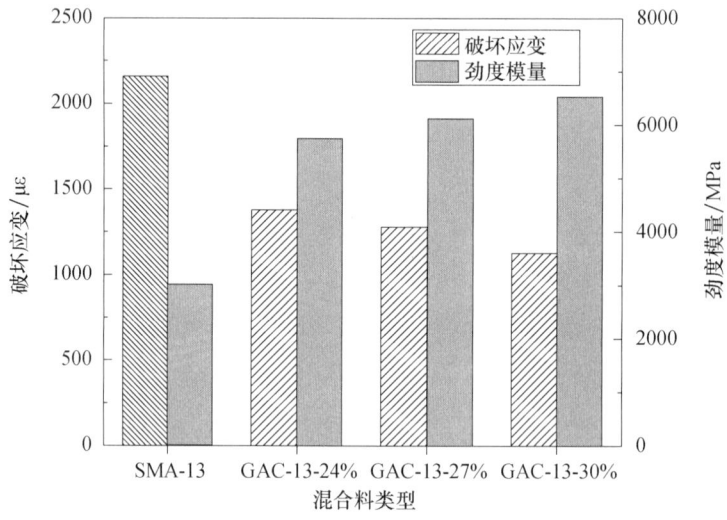

图 3.8　不同沥青混合料低温弯曲试验结果

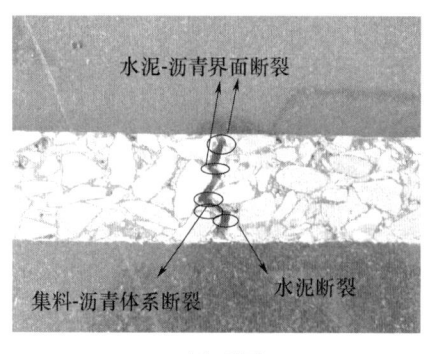
(a) 正面

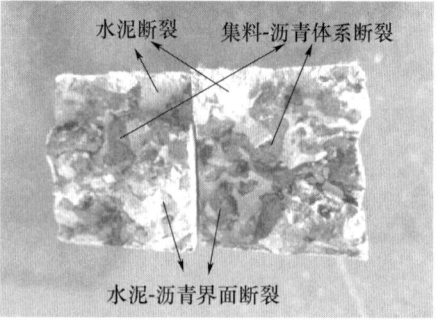
(b) 断面

图 3.9　灌注式沥青混合料低温弯曲试验破坏图

从图 3.8 和图 3.9 可以看出：

（1）与普通沥青混合料相比，灌注式沥青混合料的破坏应变降低了接近 40%，劲度模量提高了近 1 倍，表明灌注式沥青混合料的低温性能明显低于普通沥青混合料。产生该结果的主要原因是：灌注式沥青混合料中灌入了大量水泥基材料后，小梁试件的断裂方式由集料-沥青体系断裂转变为集料-沥青体系断裂、水泥断裂和水泥-沥青界面断裂共存，水泥断裂和水泥-沥青界面断裂均涉及水泥基材料变形。与柔性沥青材料相比，水泥基材料的模量更大，韧性较小，较小变形即可能演变为脆性断裂破坏。因此，混合料中部分集料-沥青体系断裂被水泥断裂和水泥-沥青界面断裂替代，导致灌注式沥青混合料具有较低的破坏应变和较大的劲度模量。

（2）随着基体沥青混合料空隙的提高，其低温性能不断降低。当基体沥青混合料的空隙率由 24% 升高为 30% 时，灌注式沥青混合料的破坏应变降低了 18.2%，劲度模量提高了 13.6%。这是因为随着基体沥青混合料空隙率不断增加，集料-沥青体系接触概率降低，而且水泥基材料的灌入比例不断增加导致水泥断裂和水泥-沥青界面断裂破坏形式增加，进一步降低了灌注式沥青混合料的低温性能。

综上所述，灌注式沥青混合料中引入水泥基材料会提高混合料的刚性，降低沥青混合料的低温性能。因此，需要结合现场冬季实际温度情况选用灌注式沥青路面。

3.6 半圆弯曲疲劳性能

采用15℃半圆弯曲试验研究灌注式沥青混合料的疲劳性能。考虑到不同材料的强度差异,因此,首先进行半圆弯曲强度试验以确定劈裂强度,根据试验结果选择合理的应力范围。图3.10~图3.12为半圆弯曲强度试验的荷载-位移曲线及其相关指标。

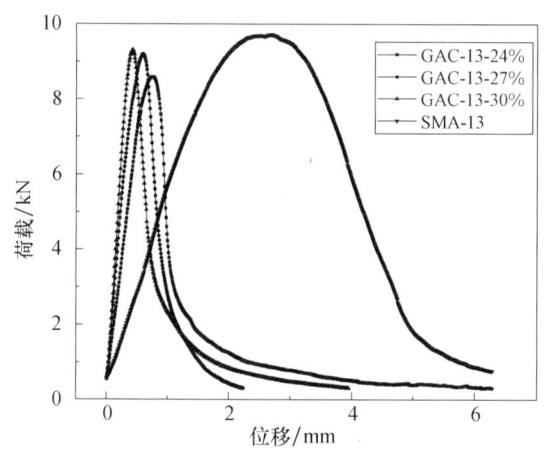

图3.10 半圆弯曲强度试验荷载-位移曲线

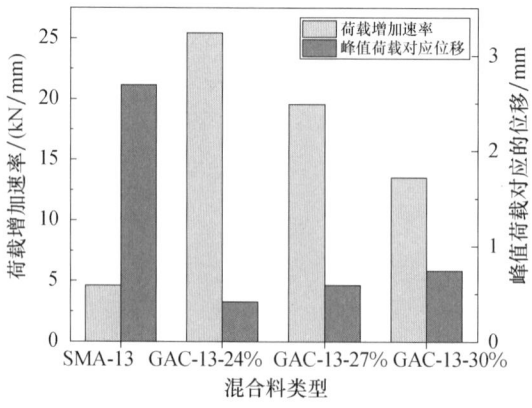

图3.11 荷载-位移曲线相关计算指标

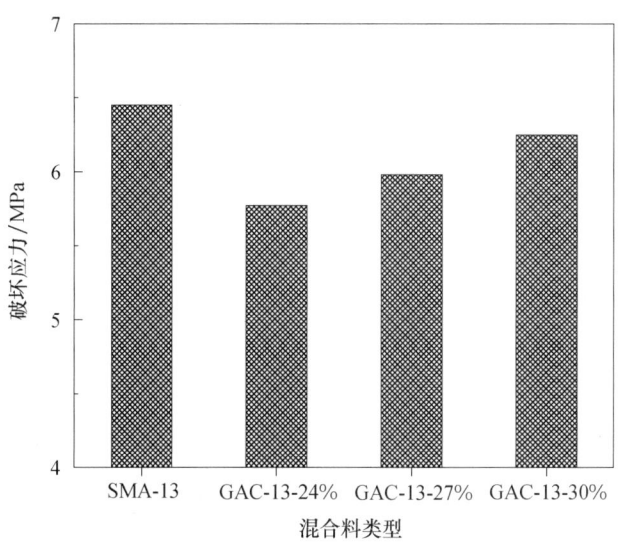

图 3.12　半圆劈裂抗拉强度

从图 3.10 中可以看出，各混合料试件曲线变化趋势相近，在加载初期位移接近线性变化；在荷载接近峰值时，位移变为非线性。这说明在加载初期应力不大的情况下材料表现为线弹性体，在荷载较大时出现黏塑性变形，表明灌注式沥青混合料仍然具有一定的黏弹性特性，但是不同类型沥青混合料的荷载-位移曲线存在差异。与 SMA-13 沥青混合料相比，灌注式沥青混合料的峰值荷载相对较低，而且在相同的加载速度下，荷载增加速率更快。从图 3.11 可以看出，SMA-13 在线弹性阶段荷载增加速率为 4.63kN/mm，而 GAC-13-30% 的荷载增加速率为 24.44kN/mm，接近 SMA-13 荷载增加速率的 5 倍，导致峰值荷载对应的位移大幅降低，这主要是因为灌注式沥青混合料中引入水泥基材料增加了混合料的劲度模量，断裂过程中水泥基材料断裂以及与其他材料界面断裂均属于脆性断裂，而且随着基体沥青混合料空隙率的不断提高，灌注式沥青混合料的断裂方式逐渐从柔性断裂向脆性断裂过渡。从图 3.12 可以看出，与 SMA-13 相比，灌注式沥青混合料抗拉强度降低，而且随着水泥基材料比例的提高，应力逐渐增大。其原因可能是：水泥基材料与沥青之间的界面结合能力相对薄弱，在断裂过程中产生的应力较小；而水泥基材料为刚性，具有较大的劲度模量，水泥基材料自身断裂过程产生的应力较大。由于水泥-沥青界面断裂对水泥抗拉强度的削减效果更强，导致灌注式沥青混合料整体的抗拉强度降低，而且随着空隙率的增加，水泥-沥青界面断裂的比例增大，抗拉强度进一步降低。在荷载达到峰值之后，SMA-13 由于沥青结合料的黏结力及混合料之间的摩擦力的存在，荷载随着裂缝位移的增加缓慢下降直至试件断裂结束。而灌注式沥青混合料在荷载应力到达峰值后，荷载-位移曲线后半段接近线性趋势，试件整体强度快速消失。由较低的荷载和位移扩展情况可知，灌注式沥青混合料发生断裂所需的能量相对较少。这些现象均表明灌注式沥青混合料的断裂表现出更多的脆性行为，这与低温弯曲试验的结果相吻合。

为了模拟路面实际受力模式，采用间歇加载的模式选择合适的应力比进行半圆弯曲疲劳试验，周期为1s，加载0.1s，卸载0.9s，加载波形为半正弦波。将不同类型沥青混合料的半圆弯曲疲劳寿命按照式3-5进行拟合，并将疲劳寿命及其拟合曲线绘制于双对数坐标系中，如图3.13所示。

$$N_f = kt^{-n} \tag{3-5}$$

式中，N_f为疲劳寿命；t为应力比；k，n为拟合参数。

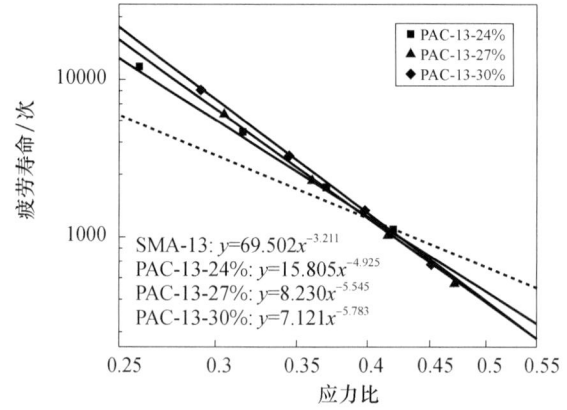

图3.13　不同沥青混合料疲劳寿命与应力比结果

从拟合曲线可以看出，在双对数坐标系下灌注式沥青混合料拟合函数的斜率$|n|$和截距均高于普通SMA-13，表明灌注式沥青路面在低应力比情况下，具有较高的疲劳寿命。在应力比超过0.4后，灌注式沥青混合料的疲劳寿命低于普通沥青混合料。这是因为灌注式沥青混合料中的水泥基材料与集料骨架形成有效的嵌挤结构，混合料的整体性更强，因此在低应力比条件下不易产生疲劳裂缝。在高应力水平下，混合料会产生蠕变变形，灌注式沥青混合料中的水泥材料具有较大的刚性且水泥-沥青界面结合较弱，容易产生裂缝导致混合料快速破坏。同理，随着水泥浆体灌注比例的不断提高，斜率$|n|$和截距也不断增加，由于断裂模式相近，不同类型灌注式沥青混合料变化幅度相对较小。因此，灌注式沥青混合料的疲劳性能在低应力比条件下高于普通沥青混合料，而在高应力比条件下疲劳寿命较差。

3.7 本章小结

本章通过在大空隙基体沥青混合料中灌入水泥基灌浆料来替代部分集料制备灌注式热阻沥青路面。首先，设计了 3 种空隙率（24%、27%、30%）的沥青混合料基体；其次，进行了水泥基灌浆材料性能测试并经过比选后选择水胶比为 0.32 的灌浆材料应用于灌注式复合路面制备；最后，对 3 种空隙率的灌注式沥青混合料分别进行了导热系数测定、600kPa 和 900kPa 的动态蠕变、低温和疲劳性能评估。

通过研究发现，水泥基材料的加入可以降低沥青混合料的导热系数，这点符合本项目"强化传热"的理念。灌注式沥青混合料具有优异的高温抗变形性能，而且随着灌注水泥基材料比例的增加，其高温性能会不断提升，这点符合本项目"抗车辙"的理念。但是，水泥基材料会提高混合料的刚性，从而明显降低沥青混合料的低温性能。同时，通过半圆弯曲试验发现，灌注式沥青混合料的疲劳性能在低应力比条件下高于普通沥青混合料，而在高应力比条件下疲劳寿命较差。

综合考虑路用性能和导热性能，灌注式沥青混合料符合本项目提出的在降低导热系数的基础上提高混合料抗车辙性能的方案。因此，选用灌注式沥青混合料作为本项目的上面层热阻式沥青路面材料。

4

钢纤维沥青混合料设计与性能评价

通常提高沥青混合料导热性能的方法就是在沥青混合料中添加高导热材料，主要包括石墨等粉体和碳纤维、钢纤维等纤维。钢纤维在水泥混凝土中应用普遍，性价比高，并且其长径比较大，在一定的掺量下可以形成导热通道，极大地提高热量在沥青路面中的传导效率。此外，也有研究指出，钢纤维还能够提高沥青混合料的高温性能。从以上两个方面来看，使用钢纤维既能够降低路面温度，还能够提高沥青混合料的高温性能，能够大幅度改善沥青路面的抗车辙性能。因此，为了制备用于本项目的高导热沥青混合料，本章在设计钢纤维沥青混合料的基础上对其进行全面的性能评价。

4.1 钢纤维沥青混合料制备

4.1.1 配合比设计

Superpave 的体积设计中为了控制集料的级配，提出了控制点和限制区两个特征。设置控制点的目的是使级配落入特定的通过率范围，而限制区的目的是限制级配不能通过的区域，通过限制区的级配类型通常被称为"驼峰"曲线，这种级配会导致集料偏细，不利于现场压实以及骨架的形成。Superpave 还建议设计级配曲线应通过限制区的下方。为了进行钢纤维沥青混合料配合比设计，项目先以 Sup-20 普通沥青混合料配合比设计结果为基准，按照外掺的方法添加钢纤维，目标级配曲线如图 4.1 所示。

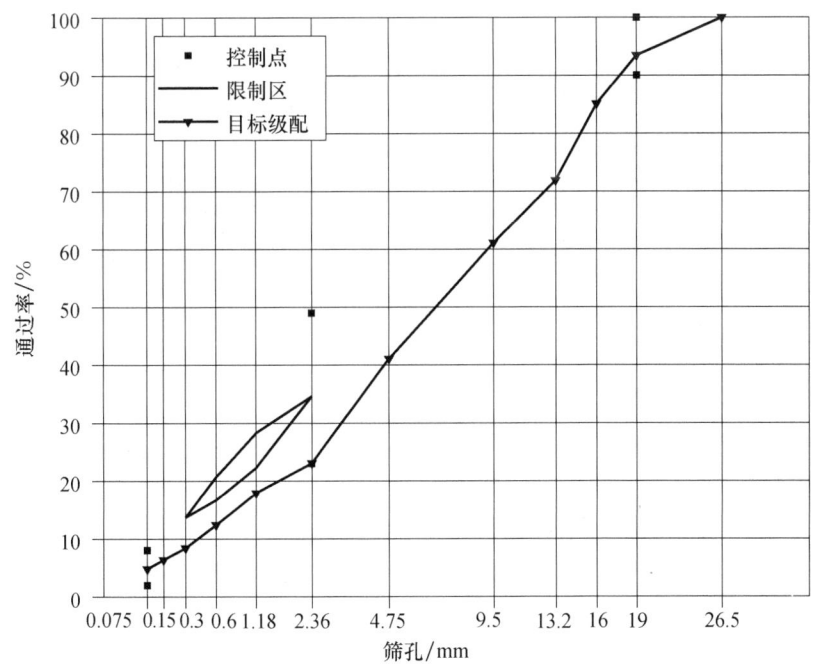

图 4.1 Sup-20 目标级配曲线

4.1.2 最佳沥青用量的确定

根据以往的工程实践经验,确定预估的沥青用量为 4.3%。因此,本节按照 3.8%、4.3%、4.8%、5.3% 4 种沥青用量进行压实,每种沥青用量下成型 2 个试样,普通沥青混合料试件制备过程为:加入按目标级配混合的集料干拌 90s→掺入目标配合比设计沥青用量→拌和 90s→掺入矿粉→拌和 90s→压实成型。

采用真空法测定沥青混合料的最大理论相对密度。沥青混合料试样的空隙率采用式 (4-1) 和式 (4-2) 计算。

$$\gamma_f = \left(1 - \frac{m_a}{m_f - m_w}\right) \times 100\% \quad (4-1)$$

$$VV = \left(1 - \frac{\gamma_f}{\gamma_t}\right) \times 100\% \quad (4-2)$$

式中,γ_f 为试样的毛体积相对密度;m_a 为试样的干燥质量,g;m_w 为试样的水中质量,g;m_f 为试样的表干质量,g;VV 为试样的空隙率;γ_t 为试样的最大理论相对密度。

试样的其余体积特性指标可参考规范计算得出,根据计算结果可以绘出不同沥青用量下混合料的空隙率、VMA、VFA 等体积指标,如图 4.2 所示。

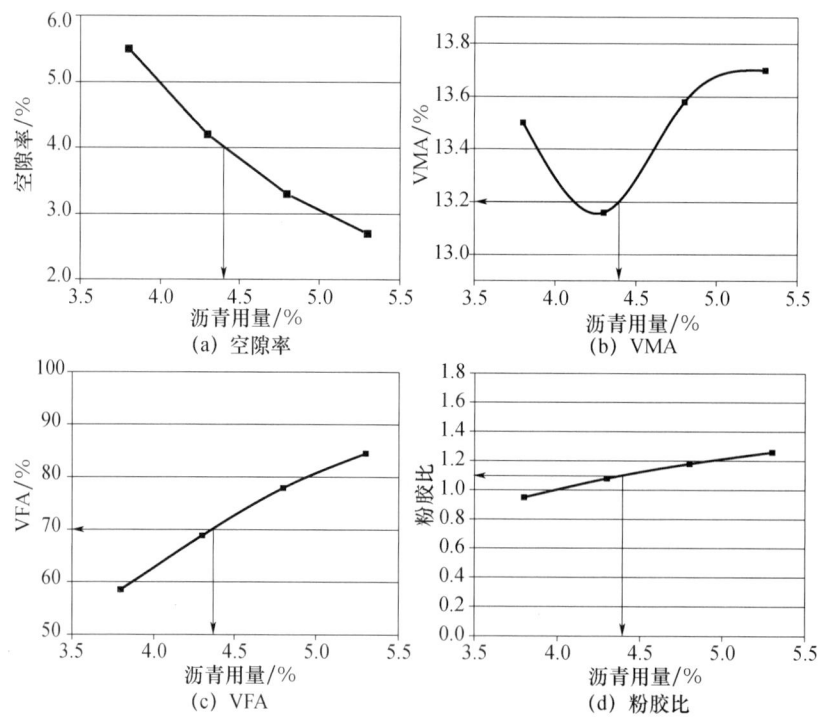

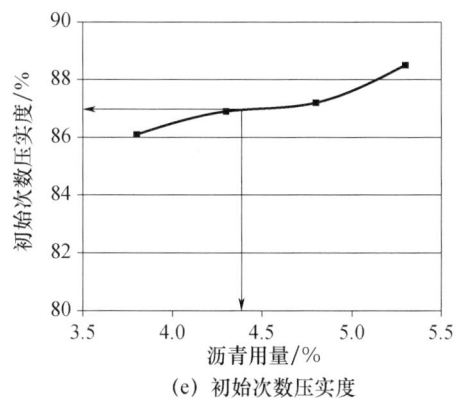

(e) 初始次数压实度

图 4.2 不同沥青含量下的混合料体积特性

Superpave 体积设计出的混合料空隙率应该满足 4%±0.3% 的要求，本节按照 4.4% 的空隙率标准，提取对应的各种参数，如表 4.1 所示。

表 4.1 4.4% 沥青用量对应的混合料特性

混合料特性	结果	标准
空隙率/%	4.0	4.0
VMA/%	13.2	>13.0
VFA/%	70.8	65~75
粉胶比	1.12	0.6~1.2
初始次数压实度/%	87	<89

依据表中的评价指标，当沥青用量为 4.4% 时，各项指标均满足规范要求。

4.1.3 钢纤维对空隙率的影响

本研究采用的钢纤维以及物理参数如图 4.3、表 4.2 所示。

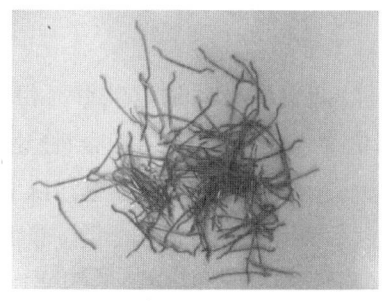

(a) 弯钩形钢纤维（CH-SF）

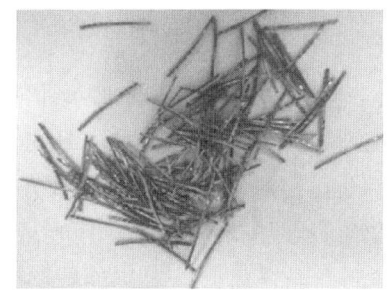

(b) 压棱形钢纤维（LS-SF）

图 4.3 钢纤维外观

表 4.2　钢纤维的物理参数

类型	平均长度/mm	等效直径/mm	长宽比	密度/(g/cm³)
CH-SF	25	0.5	50	7.8
LS-SF	35	1	35	7.8

试验中按照沥青混合料质量的 0~5% 倍分别添加压棱形钢纤维、弯钩形钢纤维,其中不掺加钢纤维的沥青普通沥青混合料为对照组样本(以下简称为 Control mixture)分别制备旋转压实试件。所有钢纤维沥青混合料均采用 Superpave 旋转压实仪,压强为 600kPa,次数为 100 次。试件尺寸为直径 100mm × 高度 115mm,根据规范测定对应的空隙率,结果如图 4.4 所示。

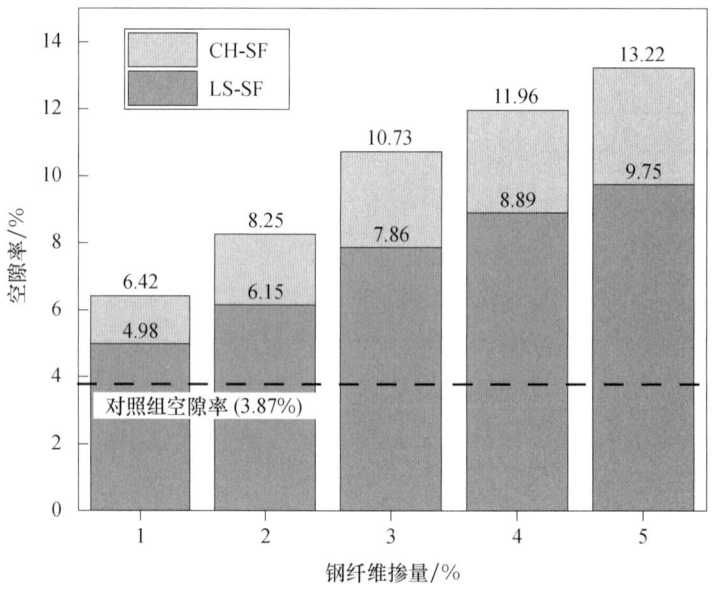

图 4.4　不同掺量钢纤维的沥青混合料空隙率变化

显然,CH-SF 和 LS-SF 的加入都能提高沥青混合料的空隙率。相比之下,CH-SF 对空隙率的影响更大。当 CH-SF 掺量为 3.0% 时,沥青混合料空隙率达到 10.73%,远远超过了 Superpave 设计方法所要求的 4.0% 的空隙率。以上结果表明,虽然钢纤维具有较高的导热性能,但为了获得较高钢纤维含量、较低空隙率的钢纤维沥青混合料,笔者认为有必要对钢纤维沥青混合料的压实特性进行研究。

4.1.4 钢纤维沥青混合料压实特性研究

有研究表明，提高压实功可以降低沥青混合料的空隙率。为此，通过增大垂直压强和增加旋转次数，以此研究钢纤维沥青混合料的压实特性。采用 3 个垂直压强（600kPa、800kPa 和 1000kPa）和两个旋转次数（100 圈和 160 圈）进行两两组合，在 6 种不同的压实水平下制备混合料试件。由于钢纤维掺量高于 3.0% 会显著增加沥青混合料的空隙率（图 4.4），因此，选取最大钢纤维掺量为 2.0% 的钢纤维沥青混合料，研究钢纤维对沥青混合料压实特性的影响，结果如图 4.5 所示。

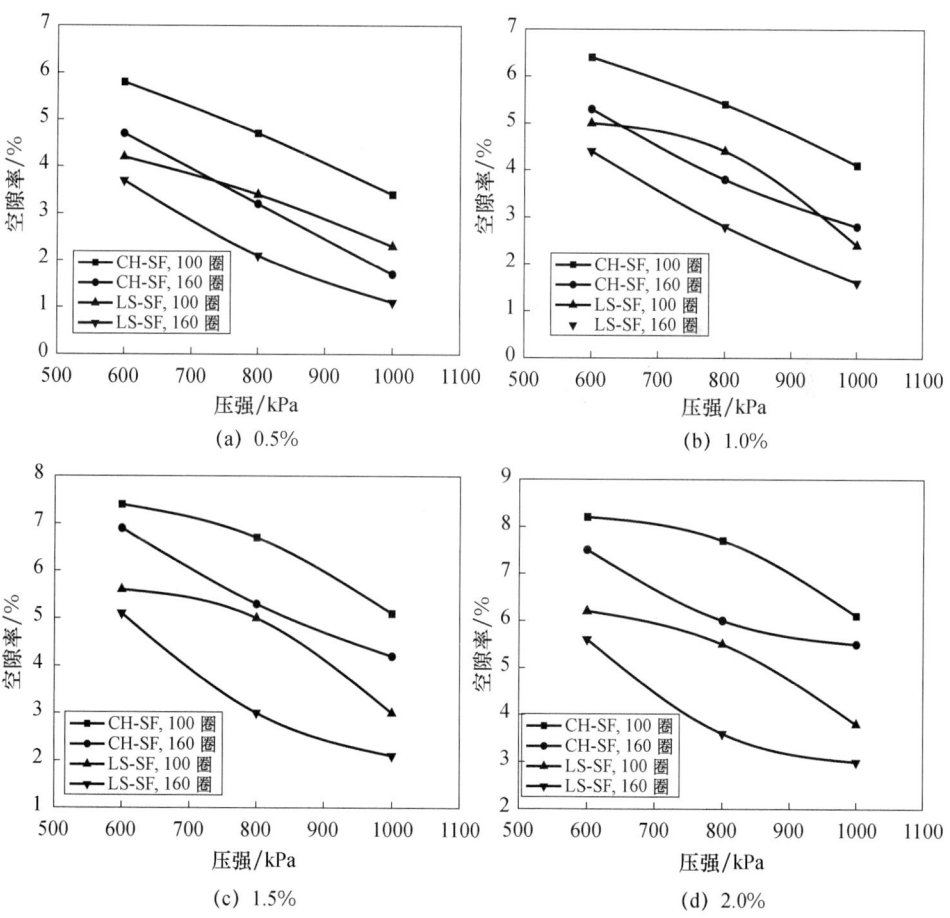

图 4.5　不同压强和旋转次数以及不同钢纤维掺量下的空隙率

由图 4.5 可以明显看出，随着垂直压强和旋转次数的增加，混合料的空隙率逐渐减小。虽然钢纤维会导致沥青混合料压实困难，但提高压实水平可以使得混合料进一步被压实。在 100 圈和 160 圈时，随着垂直压强的增加，钢纤维沥青混合料的空隙率基本呈线性减小。大部分钢纤维沥青混合料空隙率的统计结果显示，垂直压强增加 200kPa 对空隙率的影响与增加 60 圈对混合料空隙率的影响大致相同。由此可见，增加钢纤维沥青混合料压实度时，200kPa 的垂直压强相当于 60 圈。在实际路面施工时，压强对应于压路机的吨位，旋转次数对应于现场的碾压遍数。为了获得较好的压实效果，现场不宜采用更高吨位的压路机，因为较大的压实压强可能会导致集料破碎，所以，可以根据实际情况，适当地增加路面的碾压遍数来实现空隙率的降低。

4.2 导热性能评价

图 4.6 展示了钢纤维沥青混合料导热系数与空隙率的关系。在图的 x 轴上，总共 6 个压实水平。在每个压实水平中，第一个数字代表垂直压强，第二个数字代表旋转压实次数。例如"800 - 160"表示钢纤维沥青混合料的压实条件为：800kPa，160 次。

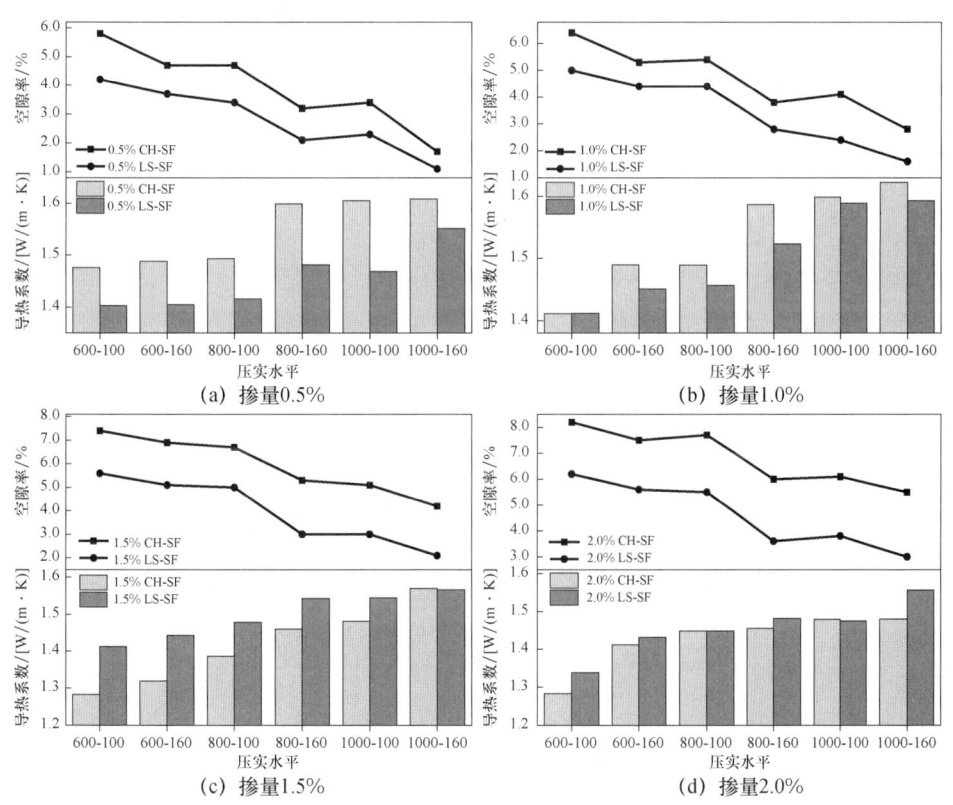

图 4.6　不同压强和旋转压实次数下钢纤维沥青混合料的空隙率与导热系数的关系

结果表明，对于掺加同种类型钢纤维的沥青混合料，不论在何种掺量下，其导热系数均随空隙率的降低而增大。对于掺加不同类型钢纤维的沥青混合料，当掺量不高于 1.0% 时，CH-SF 沥青混合料的导热系数均高于 LS-SF 沥青混合料。尽管 CH-SF 沥青混合料的空隙率更高，这说明在 0~1.0% 的掺量范围内，空隙率对沥青混合料导热性能的降低作用要弱于 CH-SF 对混合料导热系数的增强。然而，当钢纤维掺量大于 1.0% 时，CH-SF 沥青混合料的导热系数整体上却低于 LS-SF 沥青混合料。这说明在 1.0%~2.0% 的掺量范围内，空隙率成为影响混合料导热系数的主要因素。

从以上分析可以发现，钢纤维沥青混合料的导热系数与钢纤维类型、钢纤维含量、沥青混合料试件的空隙率等诸多因素有关。为了挑选导热性能优良的钢纤维沥青混合料类型，根据图 4.5 所示的压实特性，选择合适的压实条件，将钢纤维沥青混合料压实至空隙率为 4%±0.3%，并再次进行导热系数的测试。导热系数的测试结果如图 4.7 所示。应该注意的是，未进行 2.0% 掺量的 CH-SF 沥青混合料的导热系数测试。这是因为由图 4.5 可知，2.0% CH-SF 沥青混合料在所限定的压实水平下不能满足 4.0% 空隙率的要求。

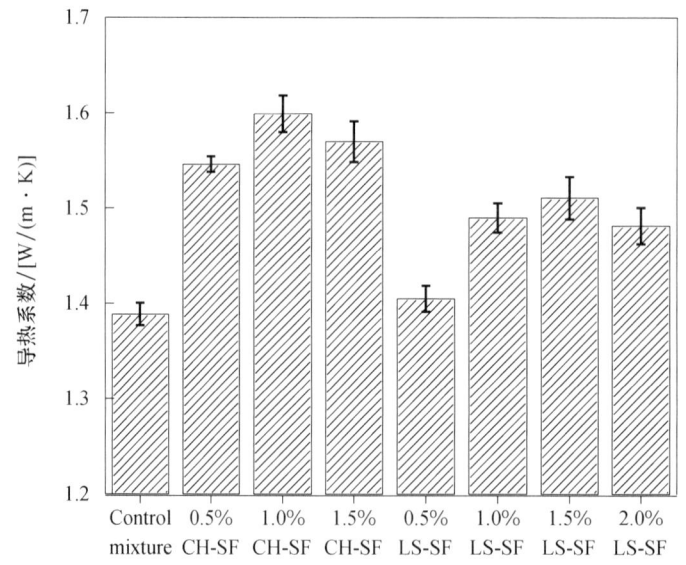

图 4.7　钢纤维沥青混合料的导热系数

由图 4.7 可知，钢纤维提高了沥青混合料的导热系数，并且 CH-SF 对沥青混合料导热系数的提高效果要高于 LS-SF。当 CH-SF 掺量为 1.0% 时，导热系数达到最大值 1.60W/(m·K)，比对照组沥青混合料的导热系数提高了 15.2%。当 LS-SF 掺量为 1.5% 时，LS-SF 沥青混合料的导热系数达到最大值 1.51W/(m·K)。以上分析说明，将钢纤维沥青混合料压实至空隙率为 4%±0.3% 再进行导热系数测试，可以确定钢纤维的最佳类型与掺量。并且,在导热系数性能提升方面,推荐使用 1.0% 掺量的 CH-SF 制备钢纤维沥青混合料。

从以上可以看出,通过控制钢纤维沥青混合料空隙率为 4% ±0.3% 再进行性能评价,可以较好地确定最佳的钢纤维类型和掺量。因此,后续的性能评价都是建立在 4% ±0.3% 空隙率的基础上,并且 CH-SF 的掺量范围限定为 0~1.5%,LS-SF 的掺量范围限定为 0~2.0%。

4.3 高温性能评价

高温性能试验主要用来评价沥青混合料在高温环境下的抗车辙能力。本研究采用动态蠕变试验对比了不同类型的 Sup-20 钢纤维沥青混合料的抗车辙能力，测试结果如图 4.8 所示。

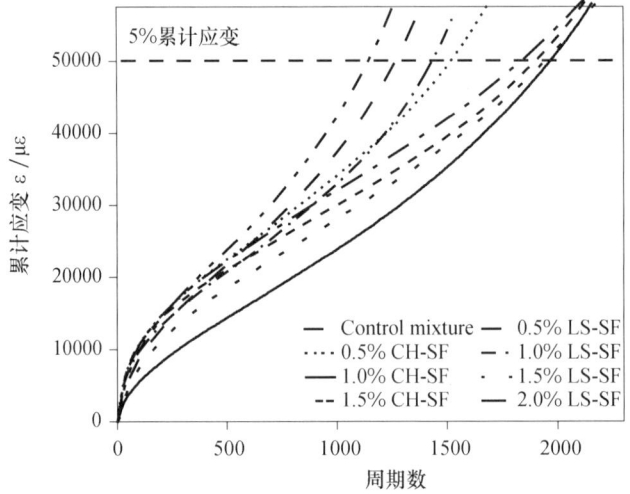

图 4.8 动态蠕变永久变形曲线

由图 4.8 可知，混合料的蠕变曲线呈现出较明显的三阶段特征，并且从蠕变曲线中可以直观看出，钢纤维沥青混合料的抗永久变形能力要高于对照组。例如，在累积应变为 5% 时，钢纤维沥青混合料对应的加载循环次数都要小于对照组，这说明添加钢纤维后，沥青混合料更容易进入破坏阶段。

为了定量评价不同钢纤维沥青混合料的高温抗车辙性能，根据三阶段模型计算了流动数 Fn 和蠕变率 ε_{pslope} 两个指标，计算结果如图 4.9 所示。

由图 4.9 可知，钢纤维的加入加快了沥青混合料的蠕变速率。例如，1.0% CH-SF 沥青混合料蠕变速率从 11.35με/周期增加到了 26.35με/周期。这一结果表明，钢纤维促进了混合料的永久变形发展。在流动数方面，添加了 1.0% CH-SF 和

1.5% LS-SF 的沥青混合料的 Fn 分别比对照沥青混合料降低了 18.6% 和 34.3%，这也意味着钢纤维降低了混合料的抗永久变形能力，并且对于同种类型的钢纤维沥青混合料，随着钢纤维掺量的增加，高温性能越差。

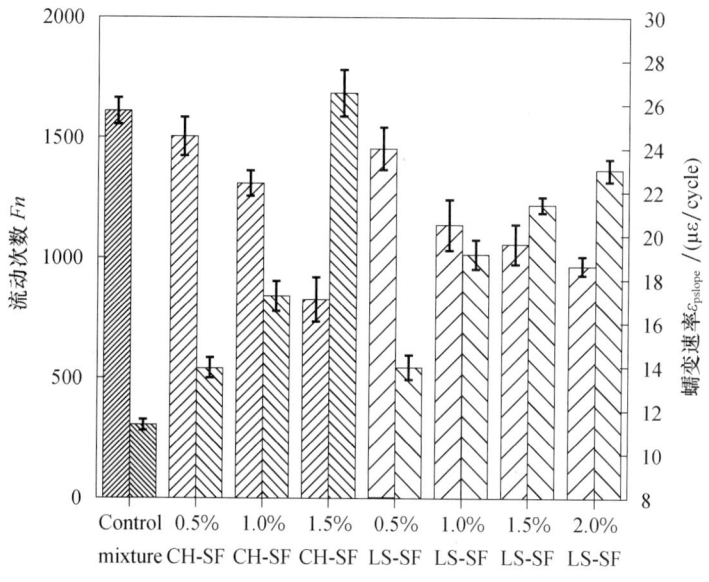

图 4.9　流动次数 Fn 与蠕变速率 ε_{pslope}

由图 4.9 可进一步看出，CH-SF 沥青混合料的高温性能要优于 LS-SF 沥青混合料，在提高沥青混合料高温性能方面，推荐采用 CH-SF。

4.4 疲劳性能评价

采用半圆弯曲试验进行沥青混合料的疲劳性能研究。首先对不同玻璃微珠替代量沥青混合料进行半圆弯曲强度试验,劈裂强度的测试结果如图 4.10 所示。

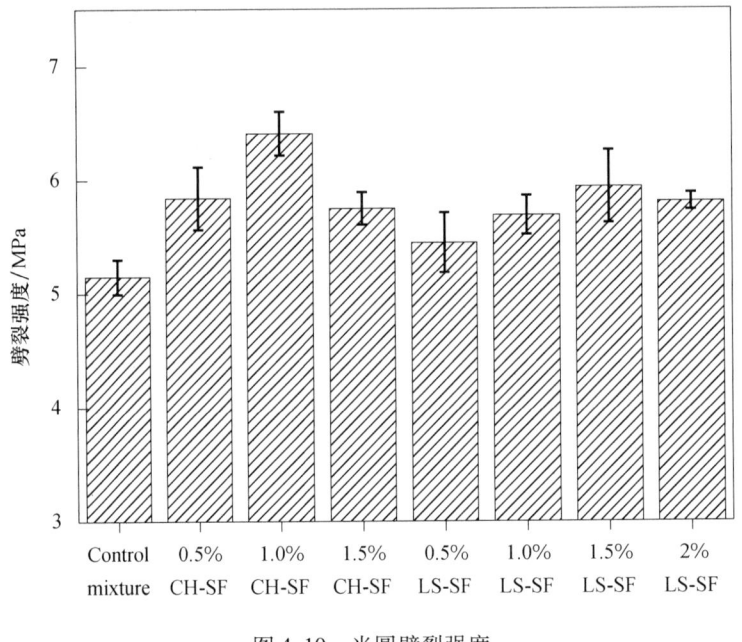

图 4.10 半圆劈裂强度

与 LS-SF 相比,CH-SF 对沥青混合料半圆劈裂强度提升的幅度更大,这可能是由于 CH-SF 具有的弯钩形状进一步提高了钢纤维与骨料之间的嵌挤力。1.0% CH-SF 沥青混合料的劈裂强度比对照组沥青混合料高 24.5%。而当 LS-SF 掺量为 1.5% 时,其劈裂强度达到最大值 5.94MPa,比对照组沥青混合料高出 15.3%。从提高沥青混合料劈裂强度的角度来看,推荐采用 1.0% CH-SF。

选取 5 个载荷水平进行疲劳试验,应力比见表 4.3。

表 4.3 疲劳试验采用的荷载水平和应力比

混合料类型	峰值荷载/kN	加载水平/kN				
		1.2	1.6	2.0	2.4	2.8
		应力比				
Control mixture	7.76	0.15	0.21	0.26	0.31	0.36
0.5% CH-SF	8.8	0.14	0.18	0.23	0.27	0.31
1.0% CH-SF	9.66	0.12	0.17	0.21	0.25	0.29
1.5% CH-SF	8.67	0.14	0.18	0.23	0.28	0.32
0.5% LS-SF	8.21	0.15	0.19	0.24	0.29	0.34
1.0% LS-SF	8.58	0.14	0.19	0.23	0.28	0.33
1.5% LS-SF	8.95	0.13	0.18	0.22	0.27	0.31
2% LS-SF	8.75	0.14	0.18	0.23	0.27	0.32

在双对数坐标轴下，式（4-3）可用于拟合疲劳寿命。

$$\lg N_f = k - n\lg t \tag{4-3}$$

式中，N_f 为疲劳寿命；t 为应力比；k、n 为拟合参数。

拟合结果如表 4.4 以及图 4.11 所示。

表 4.4 不同沥青混合料的疲劳方程

混合料类型	疲劳方程	相关系数 R^2
Control mixture	$\lg N_f = 1.827 - 2.959\lg t$	0.996
0.5% CH-SF	$\lg N_f = 1.899 - 2.950\lg t$	0.991
1.0% CH-SF	$\lg N_f = 1.775 - 3.123\lg t$	0.975
1.5% CH-SF	$\lg N_f = 1.760 - 3.095\lg t$	0.975
0.5% LS-SF	$\lg N_f = 1.887 - 2.971\lg t$	0.981
1.0% LS-SF	$\lg N_f = 1.807 - 3.029\lg t$	0.996
1.5% LS-SF	$\lg N_f = 1.811 - 3.073\lg t$	0.991
2% LS-SF	$\lg N_f = 1.903 - 2.931\lg t$	0.999

由表 4.4 可知，各沥青混合料的疲劳寿命与应力比的拟合方程均具有较高的相关系数。因此，可以利用图 4.11 中的拟合曲线做进一步的疲劳性能分析。可以看出，在低应力水平下，钢纤维沥青混合料的疲劳寿命都要高于对照组。根据上述疲劳方程，可以比较不同类型沥青混合料在相同应力水平下的疲劳寿命。例如，当应力比为 0.15 时，1.0% 的 CH-SF 沥青混合料和 1.5% 的 LS-SF 沥青混合料的疲劳寿命分别约为 22337 和 21991，分别比对照组沥青混合料高出 21.5% 和

19.6%。结果表明,添加钢纤维能够有效地提高沥青路面的疲劳性能和使用寿命。在提高沥青混合料疲劳性能方面,推荐采用 1.0% CH-SF。

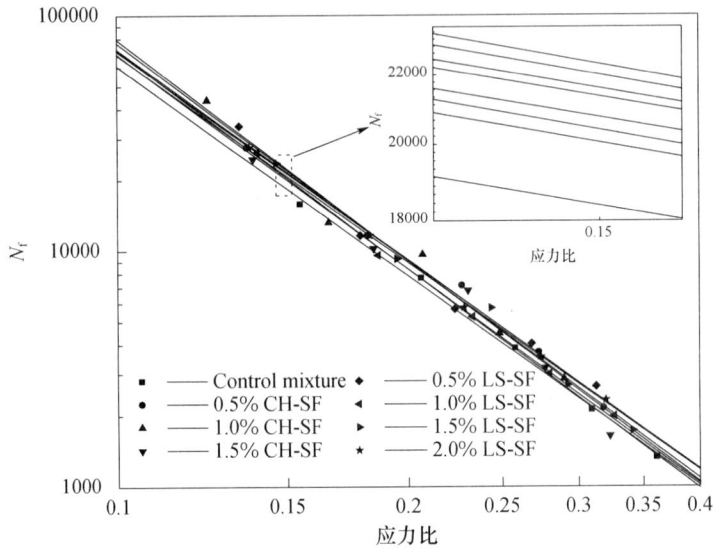

图 4.11 应力比和疲劳寿命之间的关系

4.5 低温抗裂性能评价

路面低温开裂也是沥青路面的常见病害之一，除了影响美观，裂缝的存在还会导致沥青路面强度降低，降低路面的使用寿命。在低温环境下，沥青混合料的强度会增加，但其抗裂能力会降低。当温度骤降时，沥青面层由于受到基层的约束而无法收缩，此时面层内会产生较大的温度应力，随着应力的不断积累，一旦达到沥青混合料的极限抗拉强度，便会产生开裂。另外，由于气温的反复升降，沥青混合料会承受温度应力的反复作用，导致极限拉伸应变减少，最终产生疲劳开裂。

根据低温小梁试验得到的破坏应变和劲度模量分别如图 4.12 所示。

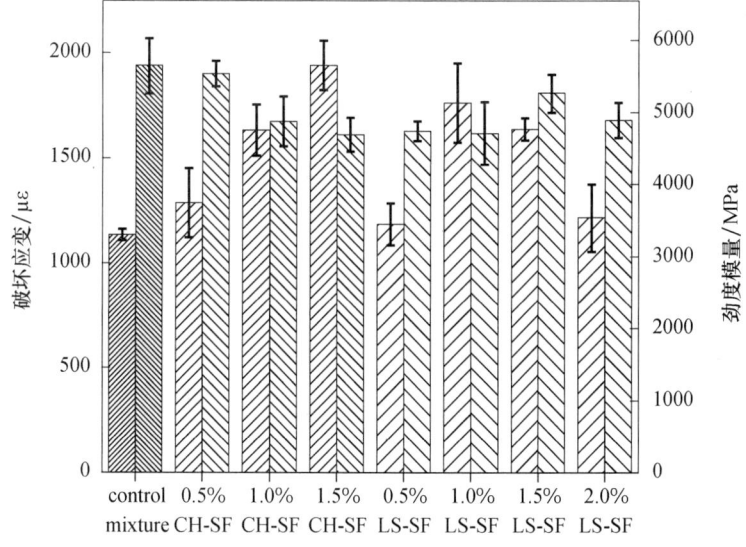

图 4.12 沥青混合料的破坏应变和劲度模量

钢纤维的加入增加了沥青混合料破坏时的应变变形。具体来说，使用 1.5% 的 CH-SF 和 1.0% 的 LS-SF 分别使混合料的破坏应变增加了 71.2% 和 55.4%。这意味着 CH-SF 在延缓沥青混合料开裂方面比 LS-SF 更有效。此外，CH-SF 和 LS-

SF 均能降低沥青混合料的刚度模量。例如，1.5% 的 CH-SF 沥青混合料和 1% 的 LS-SF 沥青混合料的最小劲度模量比对照组沥青混合料分别降低 16.8% 和 16.5%。通过对不同沥青混合料两项指标的比较，建议采用 1.5% 的 CH-SF 制备低温性能最佳的钢纤维沥青混合料。

4.6 CT 扫描获取钢纤维分布

4.6.1 CT 扫描

电子计算机断层扫描（Computerized Tomography），也称 CT 扫描技术。从 20 世纪 70 年代开始发展。与传统的将三维物体投影到二维平面成像相比，CT 扫描技术是通过对三维物体进行逐层扫描，从而得到代表每个截面的二维图像，因而不会导致图像的重叠。其基本工作原理是：利用 X 射线束从多个方向对物体进行透射，每当扫描仪旋转到一定的角度时，就对物体进行一次扫描，不断重复这个过程就可以收集到大量图像数据，然后用专用的探测器采集通过被测物体后的辐射衰减信息，利用图像重建算法，以数字图像的形式将被检测物体的真实细观结构展现出来。CT 检测得到的直观结果就是被检测物体的一张张二维截面图像。

采用德国 YXLON 国际射线有限公司生产的 X 射线计算机断层扫描（CT）扫描仪扫描钢纤维沥青混合料试件，扫描过程包括体积扫描和数字放射显影，由操作平台的两侧完成（图 4.13）。

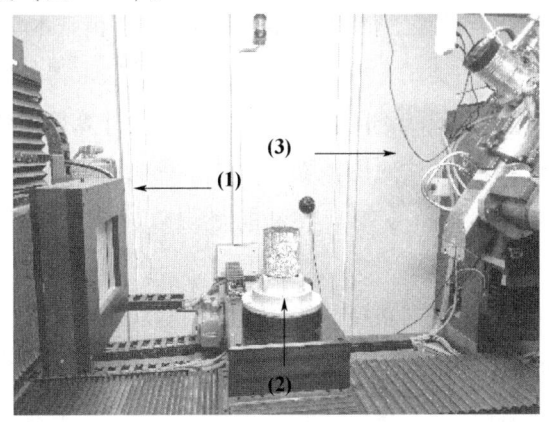

图 4.13 CT 扫描示意图
(1) 信号端；(2) 样本；(3) X 射线发射端

由于 CT 设备的限制，试件的尺寸不宜过大。因此，首先采用旋转压实仪成型直径为 150mm、高度为 115mm 的试件，然后利用取芯机钻取直径为 100mm、高度为 115mm 的圆柱形芯样，如图 4.14 所示。

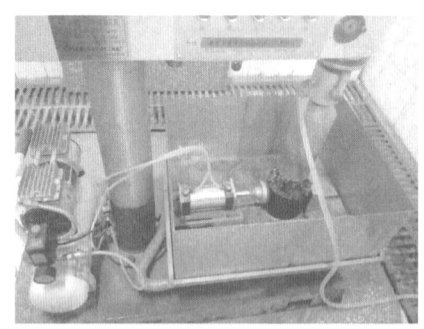
(a) 取芯过程

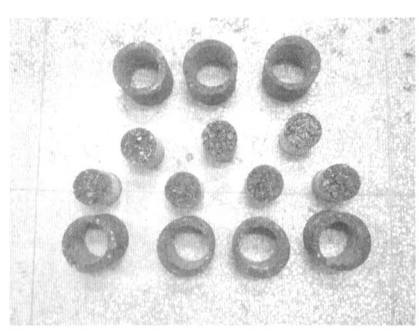
(b) 取芯后的试件

图 4.14　取芯过程与取芯后的试件

4.6.2　CT 图像分割

图像分割通常也称阈值分割，阈值分割时通过给灰度图像设定不同的灰度阈值，将不同灰度值范围内的像素点划分为一种材料，并用同一灰度值表示。根据自己的需求，将灰度图像划分成多种材料组成的图像，最终达到想要的分割结果。阈值分割的方法有多种，如大津法（OTSU 法）、双峰法和迭代法。

OTSU 法是一种确定图像二值化分割阈值的算法，由日本学者大津于 1979 年提出。该方法又称作最大类间方差法，因为按照大津法求得的阈值进行图像二值化分割后，前景与背景图像的类间方差最大。大津法计算简单快速，不受图像亮度和对比度的影响。但大津法对图像噪声敏感，只能针对单一目标分割，当目标和背景大小比例悬殊，类间方差函数可能呈现双峰或者多峰，这个时候效果不好。

双峰法的基本原理是，当灰度图像的直方图呈现出明显的双峰形状，则选取双峰之间的谷底所对应的灰度值作为阈值，这样对图像的阈值分割效果较好。然而，实际的灰度图像往往因为噪声等问题，其灰度直方图表现为单峰甚至双峰以上的特征。因此，双峰法的适用性不强。

迭代法是对双峰法的改进，该方法首先设定一个初始的阈值，然后通过迭代的思想不断更换阈值进行图像分割,直到达到所容许的误差范围为止。然而迭代法与 OTSU 法也存在相同的问题。

尽管对图像进行了预处理,但图像仍然存在环状伪影难以消除,环状伪影表现为中间暗、四周明亮的特点。根据这个特征,为了获取更好的分割效果,利用 Matlab 对 CT 图片进行分环处理,然后对每张图片进行手动阈值分割后再叠加。具体算法如下:

(1) 将原始 CT 图像批量导入 Matlab 中并转化为灰度图像。

(2) 将灰度图像进行中值滤波处理,处理后的图像矩阵记为 I。

(3) 确定圆心 (x,y) 和半径 R,半径 R 以内的区域视为沥青混合料,半径 R 以外的区域视为背景。

(4) 确定半径 $R_1 < R$,对 I 进行分环处理:以 (x,y) 为圆心,将扫描半径 r 满足 $R > r > R_1$ 内的区域保持原来的灰度值,以外的区域赋值为 0 灰度;得到环 1,图像矩阵记为 I_1。同样,将 I 分成 I_2、I_3,总计分为 3 个环,满足条件 $I = I_1 + I_2 + I_3$。

(5) 对于环 1 矩阵 I_1,设定阈值 T_1 并对 I_1 中的每个像素点进行判别,当像素点灰度值小于 T_1,赋值为 0,灰度值大于 T_1 时,赋值为 255,得到分割后的目标矩阵 M_1。同样,对 I_2,I_3 进行阈值分割得到目标矩阵 M_2、M_3。

(6) 将分环阈值分割后的图像 M_1、M_2、M_3 进行叠加,得到总的阈值分割图像 M。

以 CH-SF 沥青混合料为例,利用该算法提取的钢纤维如图 4.15 所示。

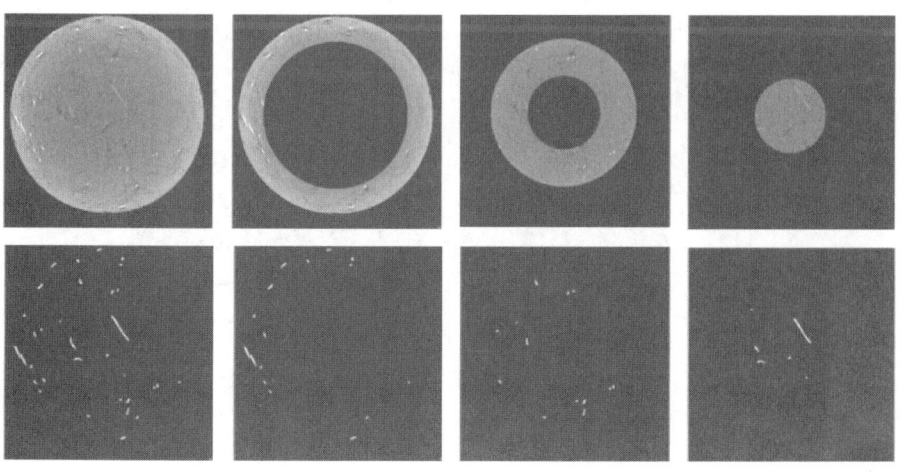

图 4.15 钢纤维的提取过程

4.6.3 钢纤维分布特征分析

三维重建技术最初是在医学领域中应用,通常用于进一步分析患者的病情。与传统的 Matlab 编程方法对 CT 图像进行三维重构来比较,Mimics 是一款常用于医学领域的三维重建软件,软件界面简洁,操作方法简单,重建结果清晰,使用时只需要导入 CT 图片,便可自动识别并根据内置算法进行重构,重构出的三维模型包含物体的数字信息,可以对该模型进行各种处理、提取、计算等操作。Mimics 的操作界面如图 4.16 所示。

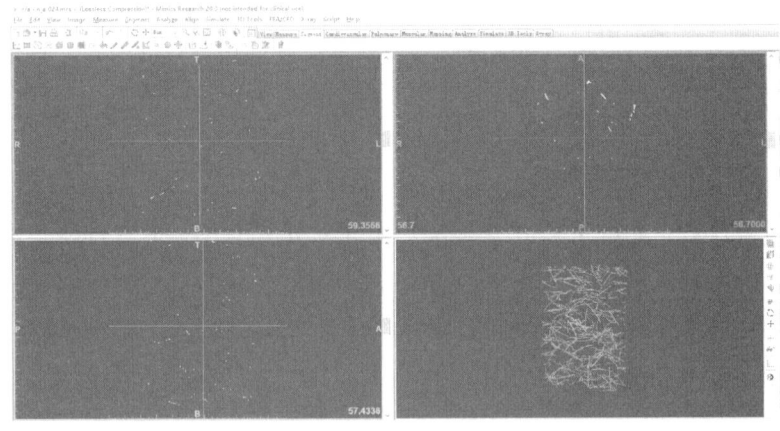

图 4.16　Mimics 软件界面

本节将 4.6.2 节中处理过的 CT 图片批量导入 Mimics 软件,利用 Mimics 的三维重构功能,建立钢纤维的三维重构模型,如图 4.17 所示。

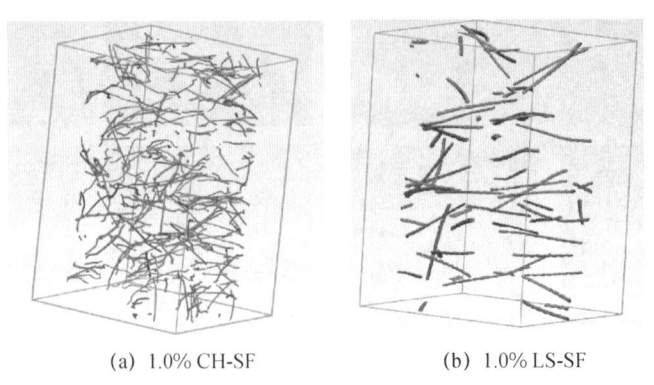

(a) 1.0% CH-SF　　　　　　(b) 1.0% LS-SF

图 4.17　钢纤维三维重构模型

从钢纤维的提取图可以看出，两种钢纤维在沥青混合料中的分布较好，没有出现明显的结团现象，虽然都存在一些断裂的纤维（主要分布在外围），这是取芯造成的。而内围的钢纤维形状完整，这说明钢纤维在室内压实过程中没有出现断裂现象。此外，一些相互搭接的钢纤维不仅可以起到加筋补强的作用，对导热通道的形成也十分有利。

按照 4.6.2 节的方法，提取不同掺量的 CH-SF 沥青混合料的钢纤维分布如图 4.18 所示。

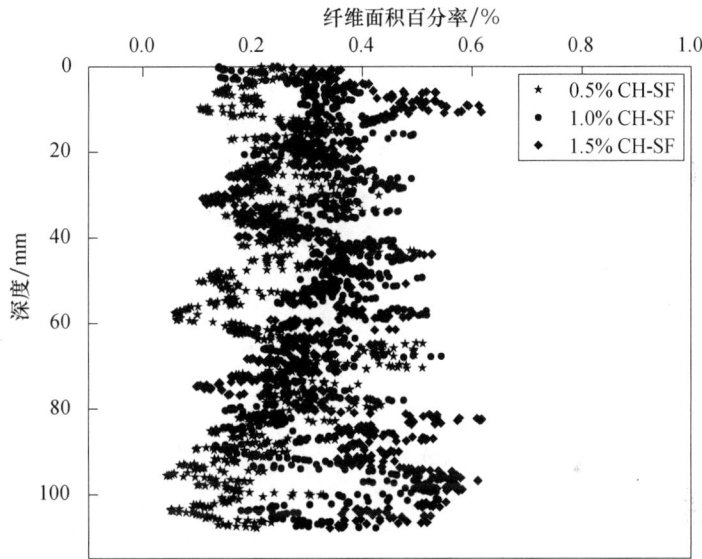

图 4.18　不同掺量的 CH-SF 占混合料截面面积的百分率随深度的变化

从混合料的各个截面来看，CH-SF 的截面面积百分率并没有呈现出明显的分布特征，这说明 CH-SF 在混合料中的空间分布方向和分布位置是随机的。但总的来说，纤维在各深度处的截面面积百分率随纤维掺量的增加而呈现增加的趋势。

4.6.4　有限元网格的划分与导出

Mimics 软件具有类似于有限元软件中的网格划分功能，并可以根据实际情况对网格进行修复处理，修复好的网格可以直接导入 ANSYS、ABAQUS 等有限元软件进行数值模拟。目前，该软件也已逐步应用于混凝土、沥青混合料的三维重建与数值分析当中。

对于有限元分析而言，网格优化是很重要而且是很关键的一步。在 Mimics 软件中可以应用 Remesh 模块对模型进行面网格划分和优化并生成 Stl 格式的模型文件。将 Stl 格式的模型文件导入与 Mimics 配套的 3-Matic 软件中，可以对模型文件做进一步的修复。3-Matic 软件界面如图 4.19 所示。

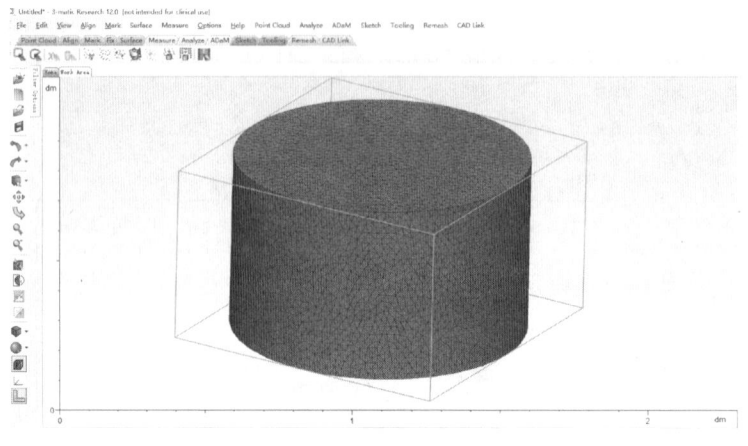

图 4.19　3-Matic 软件界面

3-Matic 软件可以进一步对模型的面网格进行优化，减少不同面网格之间的烦琐连接，然后再利用其自动生成体网格功能，生成体网格，如图 4.20 所示。将体网格文件输出为有限元软件能够识别的 cdb 格式文件，便于有限元分析计算。

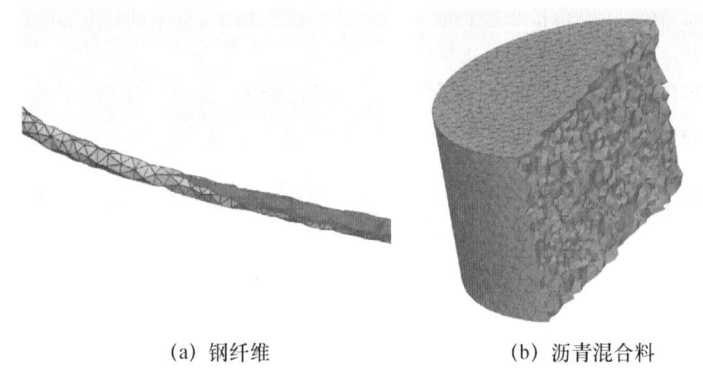

(a) 钢纤维　　　　　(b) 沥青混合料

图 4.20　钢纤维与沥青混合料的面网格、体网格

4.7 本章小结

本章通过在沥青混合料中掺入钢纤维的方式制备高导热沥青混合料。主要进行了下面几个方面的研究：①钢纤维沥青混合料的制备以及压实水平的确定；②钢纤维沥青混合料的导热和路用性能评价；③基于 CT 扫描结果，分析钢纤维在沥青混合料内的分布状态。

通过研究发现，钢纤维提高了沥青混合料的导热系数，并且 CH-SF 对沥青混合料导热系数的提高效果要高于 LS-SF，最多可以提高 15.2%。虽然钢纤维对沥青混合料的高温性能不利，但是可以提高沥青混合料的低温和疲劳性能。此外，钢纤维的掺入会使沥青混合料的空隙率增大。因此可以根据实际情况，适当地增加路面的碾压遍数来实现空隙率的降低。

综合本章内容来看，CH-SF 比 LS-SF 更有利于加强沥青混合料的导热性能以及沥青路面的使用性能，而且 1% 弯钩形钢纤维具有最高的导热系数和路用性能。因此，选取 CH-SF 进行后续的模拟过程。

5

基于强化传热的沥青路面温度场和车辙模拟

为了研究强化传热路面结构的降温作用机理和抗车辙效果，本章分别研究灌注式低导热沥青路面用于上面层、钢纤维沥青混合料用于下面层以及灌注式沥青路面+钢纤维沥青混合料复合应用的温度场和车辙深度模拟，分析基于强化传热原理的降温路面的应用潜力。

5.1 有限元模型

5.1.1 传热模型

利用 ABAQUS 有限元软件建立二维传热模型（图 5.1）。模型采用八节点四边形热传导单元（DC2D8）。太阳辐射和空气温度的计算公式分别如式（5-1）和式（5-2）所示，初始温度设置如表 5.1 所示。

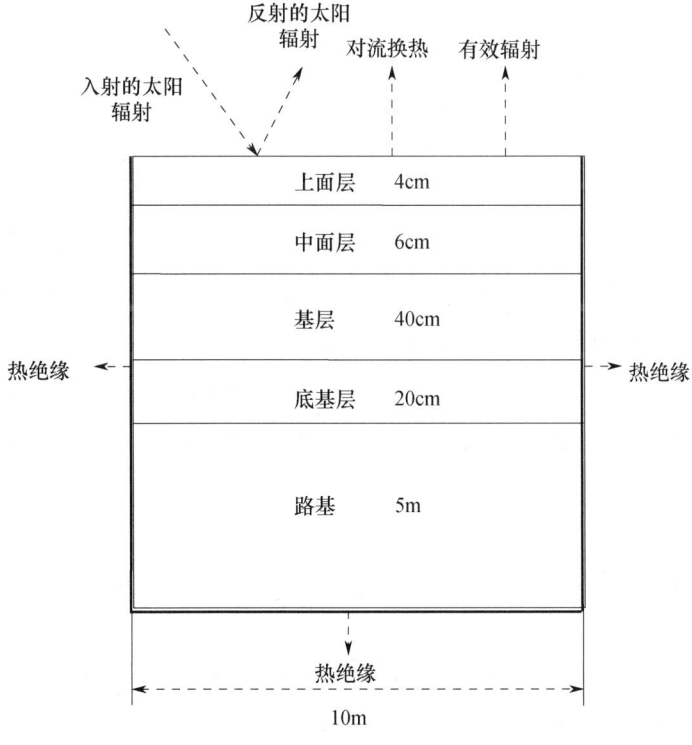

图 5.1 路面传热模型

表 5.1 温度场计算参数

参数		值
太阳辐射吸收率		0.9
沥青路面的发射率		0.81
对流系数/[W/(m²·℃)]		20
初始温度/℃		25
最高空气温度 T_{max}/℃	夏季	35
	冬季	-30
最低空气温度 T_{min}/℃	夏季	20
	冬季	-3

传热计算中有 4 个假设：(1) 每天的边界条件相同；(2) 左右边界和下边界为热绝缘；(3) 不同材料之间没有接触热阻；(4) 材料的热物参数不随温度发生变化。下文的传热计算全部遵循此假设。

$$q(t) = \begin{cases} 0 & 0 \leq t < 12 - \dfrac{c}{2} \\ q_0 \cos m\omega(t-12) & 12 - \dfrac{c}{2} \leq t \leq 12 + \dfrac{c}{2} \\ 0 & 12 + \dfrac{c}{2} < t \leq 24 \end{cases} \tag{5-1}$$

式中，q_0 为日最高辐射，J/m²，$q_0 = 0.131mQ$，$m = 12/c$；Q 为日总辐射量，J/m²，$Q = 16.31 \times 10^6 \text{J/m}^2$（夏季）或 $Q = 8.9 \times 10^5 \text{J/m}^2$（冬季）；$c$ 为实际有效日照时数，h，$c = 10\text{h}$；ω 为角频率，rad，$\omega = 2\pi/24 \text{rad}$。

$$T_a = T_1 + T_2\{0.96\sin[\omega(t-t_0)] + 0.14\sin[2\omega(t-t_0)]\} \tag{5-2}$$

式中，T_1 为日平均温度，℃，$T_1 = (T_{max} + T_{min})/2$；$T_2$ 为日气温振幅，℃，$T_2 = (T_{max} - T_{min})/2$；$t_0$ 为初相位，h，$t_0 = 9\text{h}$。

5.1.2 车辙模拟

由于本研究中的热传递结构内部各点温度并不相同，所以难以利用试验来评价具有温度分布的路面车辙。为了量化强化传热结构对车辙的影响，将热分析后的结构直接用于车辙分析，可以应用路面内部的实际瞬态温度，采用蠕变试验和回弹模量试验测试了沥青路面材料的弹性和蠕变参数，并考虑材料的力学特性随温度的连续变化（表5.2、表5.3和表5.4），建立连续变温的车辙模拟分析模型，以此分析沥青路面车辙的发展规律。模型采用八节点平面应变四边形减缩积分单元（CPE8R），单元尺寸同传热模型。

表5.2 路面弹性参数

层位	抗压回弹模量/Pa	泊松比/ν	温度/℃
SMA-13	8.70×10^8	0.25	20
	6.20×10^8	0.30	30
	5.54×10^8	0.35	40
	5.30×10^8	0.40	50
	5.26×10^8	0.45	60
SUP-20	8.65×10^8	0.25	20
	7.02×10^8	0.30	30
	5.43×10^8	0.35	40
	3.67×10^8	0.40	50
	3.01×10^8	0.45	60
灌注式 GAC-13-24%	1.58×10^9	0.25	20
	1.25×10^9	0.30	30
	1.08×10^9	0.35	40
	9.90×10^8	0.40	50
	9.20×10^8	0.45	60
钢纤维 SUP-20 1.0% CH-SF	8.92×10^8	0.25	20
	7.28×10^8	0.30	30
	5.65×10^8	0.35	40
	3.85×10^8	0.40	50
	3.16×10^8	0.45	60

表5.3 基层和土基材料的弹性参数

层位	抗压回弹模量/Pa	泊松比/ν
半刚性基层	1.2×10^9	0.20
土基	4.5×10^7	0.40

表 5.4 沥青混合料蠕变参数

层位	A	n	m	温度/℃
SMA-13	6.54×10^{-11}	0.937	-0.592	20
	3.33×10^{-9}	0.862	-0.587	30
	1.45×10^{-8}	0.792	-0.577	40
	1.39×10^{-6}	0.414	-0.525	50
	1.46×10^{-5}	0.336	-0.502	60
SUP-20	4.45×10^{-11}	0.952	-0.578	20
	2.02×10^{-9}	0.813	-0.572	30
	4.78×10^{-8}	0.789	-0.559	40
	2.99×10^{-6}	0.612	-0.535	50
	7.12×10^{-5}	0.368	-0.488	60
灌注式 GAC-13-24%	9.46×10^{-11}	0.973	-0.547	20
	2.36×10^{-11}	0.865	-0.512	30
	8.47×10^{-10}	0.825	-0.495	40
	7.68×10^{-9}	0.67	-0.483	50
	1.36×10^{-8}	0.409	-0.472	60
钢纤维 SUP-20 1.0% CH-SF	3.78×10^{-11}	0.93	-0.558	20
	1.66×10^{-9}	0.782	-0.567	30
	4.21×10^{-8}	0.718	-0.543	40
	2.57×10^{-6}	0.533	-0.518	50
	5.98×10^{-5}	0.322	-0.522	60

5.2
灌注式低导热沥青混合料模拟

采用不同基体沥青混合料空隙率的灌注式路面作为上面层进行有限元模拟，路面结构选用4cm+6cm上下两层结构进行模拟，获取路面结构的温度场模型和车辙模型进行分析。

5.2.1 温度场模拟结果

为了说明上面层低导热结构对路面内部温度的影响，进行了路表0cm、4cm、10cm 3个典型位置的24h温度对比。如图5.2所示。

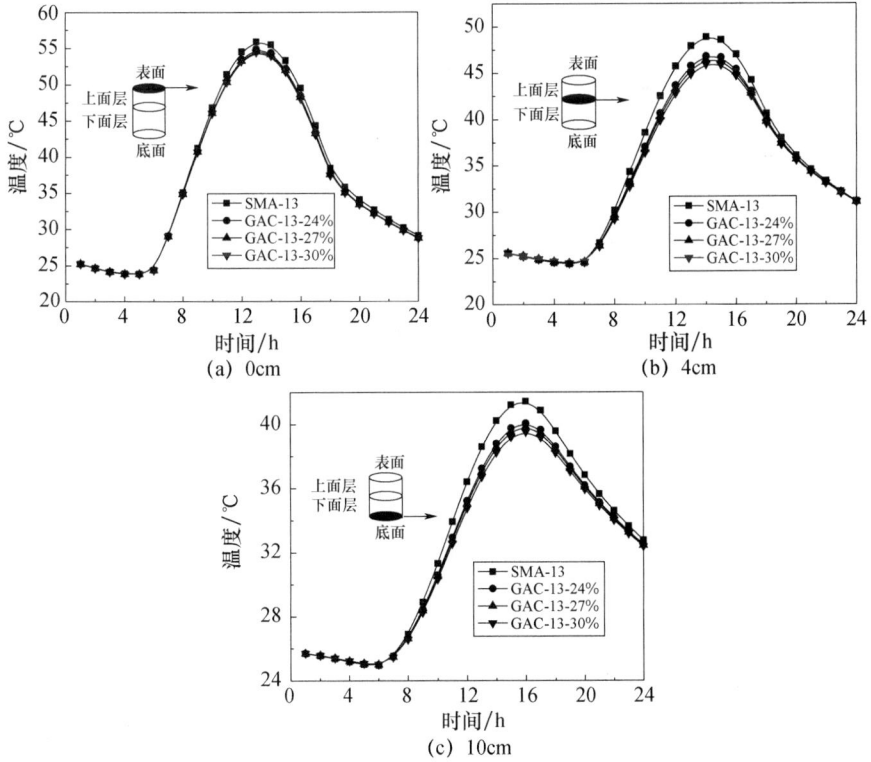

图5.2 灌注式低导热沥青路面不同深度的温度分布

在上面层采用灌注式沥青路面减少了热量向路面传递。计算结果表明，8：00～18：00 时，0～10cm 深度范围内，灌注式沥青混合料的温度都低于普通沥青混合料。当灌注式沥青混合料基体沥青混合料空隙率为 30% 时，0cm、4cm 和 10cm 处的温度最高比普通沥青混合料低 1.5℃、3.0℃ 和 2.0℃，表面温度的降低对于缓解城市热岛效应是有利的。灌注式沥青混合料在不同深度处温度的降低也进一步说明了灌注式沥青混合料降低了面层热量的向下流动，这有利于缓解高温车辙病害，从图 5.2 中可以看出，不同基体沥青混合料空隙率的灌注式路面结构降温效果差距并不显著。

5.2.2 车辙模拟结果

根据路面温度场的模拟结果进行路面车辙深度的模拟，将路表的车辙深度进行提取分析，如图 5.3 所示。

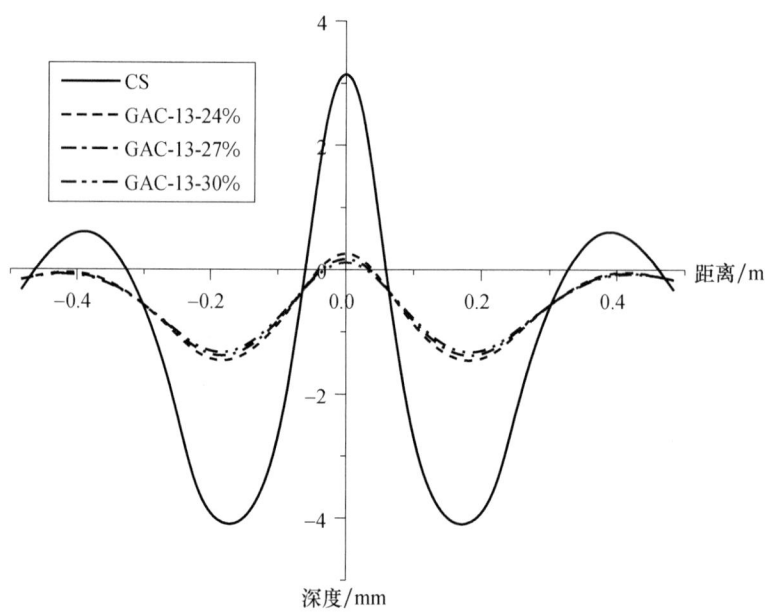

图 5.3 灌注式低导热沥青路面路表车辙深度变化曲线

从图 5.3 可以看出，灌注式沥青混合料的应用使得车辙深度减小。由上述分析可知，灌注式沥青混合料使得上面层的阻热性能提升，减少进入路面内部的热量，导致上面层的温度降低，并且上面层灌注式沥青混合料的弹性和蠕变参数远高于普通路面结构，因此上面层的车辙变形减小。对于下面层，由温度变化分析可知，深度为 4cm 和 10cm 深度处温度的降低，在不改变下面层材料的弹性和蠕变参数的情况下会导致路面结构下面层产生的变形减小，但是不同空隙率灌注式沥青路面的车辙深度相差不大。与普通路面相比，GAC-13-30% 结构的应用使得整个面层产生的最大变形量减少了 66.9%。

5.3 钢纤维沥青混合料模型

5.3.1 三维模型

由于沥青混合料中掺入了钢纤维,如果把沥青混合料当成均质模型,这会对结果造成很大的误差,因此,将提取出来的钢纤维导入有限元软件,将钢纤维沥青混合料划分成钢纤维和沥青混合料基体两个组分,分别赋予不同的材料热物参数进行温度场模拟,如图5.4所示。

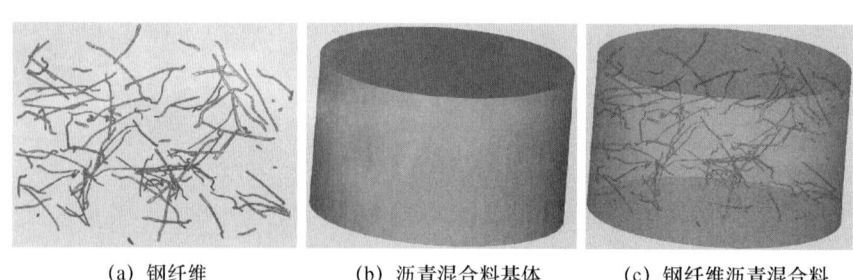

(a) 钢纤维　　　　(b) 沥青混合料基体　　　(c) 钢纤维沥青混合料

图5.4　钢纤维沥青混合料非均质模型

5.3.2 温度场模拟结果

为了说明下面层高导热结构对路面内部温度的影响,笔者进行了路表0cm、4cm、10cm 3个典型位置的24h温度对比。如图5.5所示。

在下面层添加钢纤维加速了热量向路基传递,使得上面层温度整体降低。计算结果表明,8:00~18:00时,0~4cm深度范围内,钢纤维沥青混合料的温度低于普通沥青混合料。当钢纤维掺量为1.0%时,0cm、4cm处的温度最高比普通沥青混合料低0.84℃和1.5℃,表面温度的降低对于缓解城市热岛效应是有利的。而钢纤维沥青混合料在4cm深度处温度的降低也进一步说明了钢纤维促进了下面层热量的向下流动。

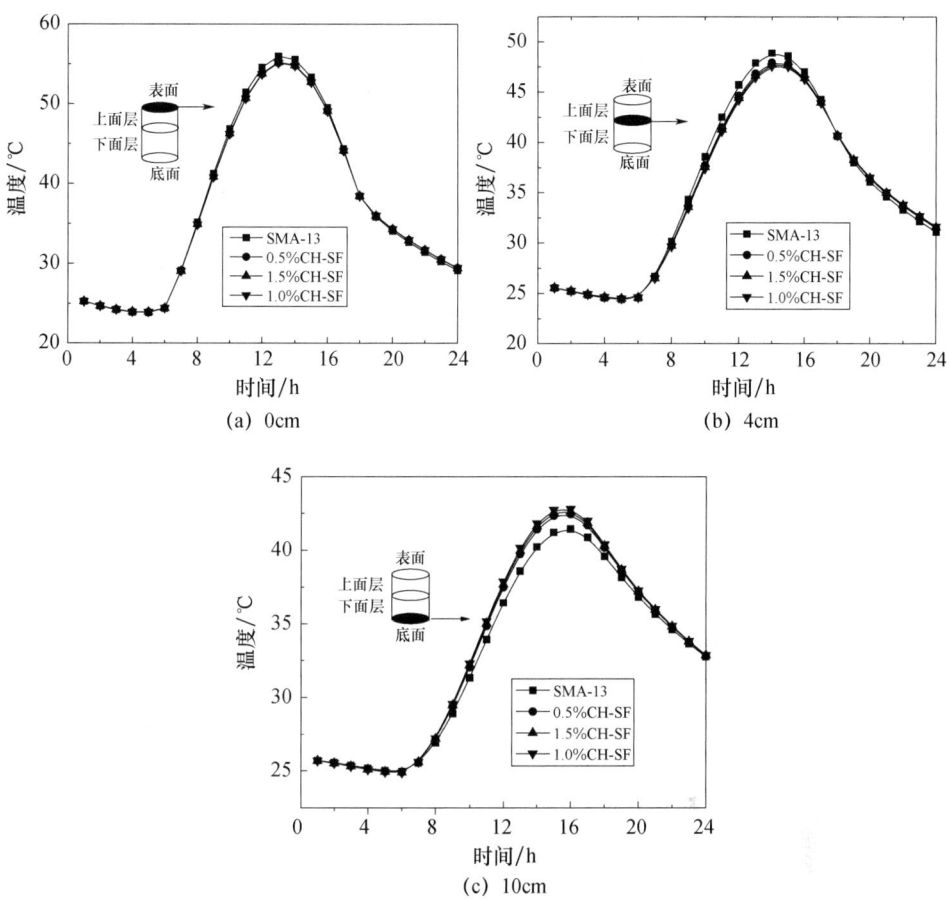

图 5.5 钢纤维沥青路面不同深度的温度分布

然而，底部（10cm）处的温度较普通沥青混合料而言有所提升，这主要是由于没有改变路基的传热能力，使得更多的热量积累在底部无法快速向下传递。但是这对于缓解车辙却是有利的，因为车辙主要发生在下面层（双沥青层路面）。

5.3.3 车辙模拟结果

根据路面温度场的模拟结果进行路面车辙深度的模拟，将路表的车辙深度进行提取分析，如图 5.6 所示。

从图 5.6 可以看出，钢纤维的添加使得车辙深度减小。由上述分析可知，钢纤维不仅使下面层的导热性能提升，也使得上面层的热量快速向下传递，导致上面层的温度降低，并且上面层沥青混合料的弹性蠕变参数与普通路面结构相比并没有发生变化，因此，上面层的变形减小。对于下面层，由温度变化分析可知，深度为 4cm 处的温度降低明显，10cm 深度处的温度略有提高。但总的来说，下面层的车辙深度也减小，这主要是由于一方面钢纤维提高了下面层的导热性能，下面层热量往下传递；另一方面钢纤维提高了沥青混合料自身的抗车辙性能，二者综合作用导致路面结构下面层产生的变形减小。与普通路面相比，1.0% CH-SF 的掺入使得整个面层产生的最大变形量减少了 30.1%。综合来看，为了使整个沥青路面结构产生的车辙深度减小，推荐使用 1% 掺量的 CH-SF。

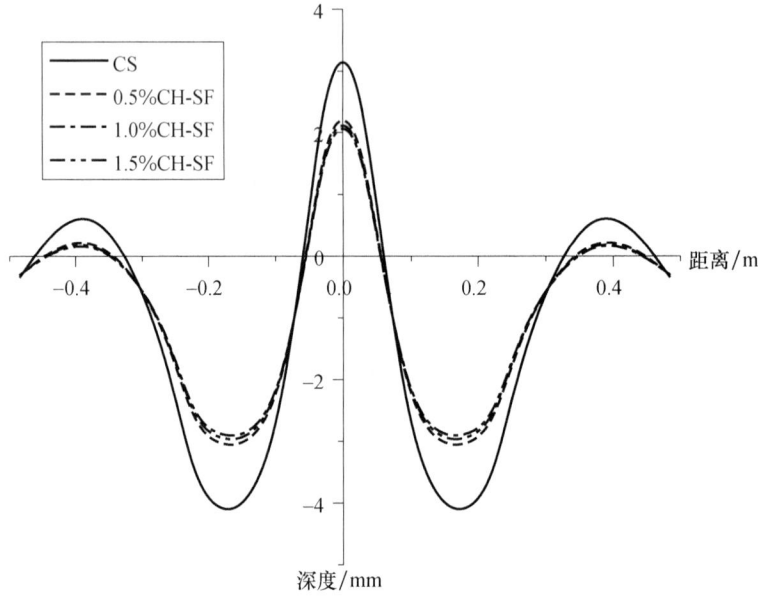

图 5.6 钢纤维沥青路面路表车辙深度变化曲线

5.4 强化传热复合路面结构模拟

为了研究灌注式沥青混合料和钢纤维沥青混合料的共同作用,本文选取了4种结构进行对比分析:C+C(4cm SMA-13+6cm SUP-20)、D+C(4cm GAC-13+6cm SUP-20)、C+G(4cm SMA-13+6cm 钢纤维 SUP-20)和D+G(4cm GAC-13+6cm 钢纤维 SUP-20)。其中,GAC-13的基体沥青混合料空隙率为24%,钢纤维混合料为1.0% CH-SF。

5.4.1 温度场模拟结果

为了说明强化传热结构对路面内部温度的影响,笔者进行了路表0cm、4cm、10cm 3个典型位置的24h温度对比,如图5.7所示。

在上面层采用灌注式沥青路面减少了热量向路面传递,同时下面层采用钢纤维沥青混合料加速了热量向路基内部传递,对路面内部的热量流动进行了有效调控。计算结果表明,8:00~18:00时,0~4cm深度范围内,D+G的温度明显低于其他类型的沥青路面结构,0cm和4cm处的温度最高比普通沥青结构低1.9℃和3.6℃。这是因为阻热和传热的耦合作用,提高了上面层的降温效果,有利于缓解热岛效应和路面车辙病害。

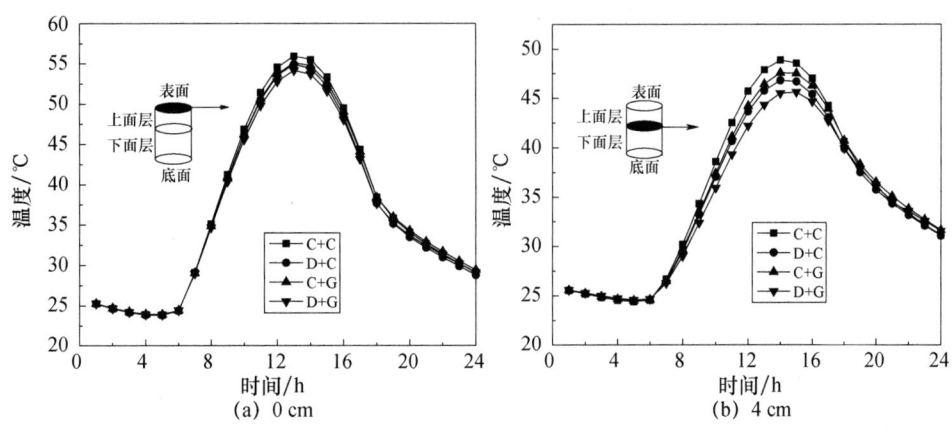

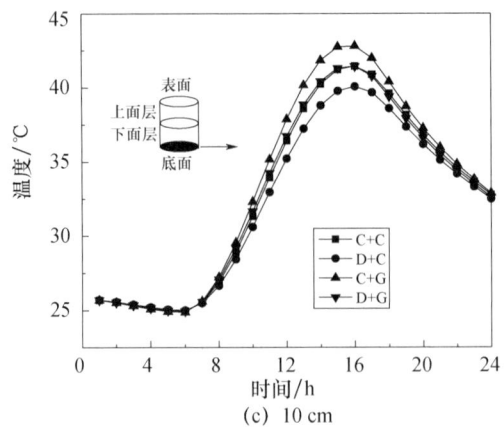

(c) 10 cm

图 5.7　强化传热复合路面不同深度的温度分布

然而，D+G 结构底部（10cm）处的温度较普通沥青路面差距不大。这主要是没有改变路基的传热能力，上面层阻热和下面层传热作用相互抵消导致温度相差不大，强化传热组合结构的应用，缓解了改变单层路面结构导热系数产生的热量累计问题，显著提高了上面层降温效果。

5.4.2　车辙模拟结果

根据路面温度场的模拟结果进行路面车辙深度的模拟，将路表的车辙深度进行提取分析，如图 5.8 所示。

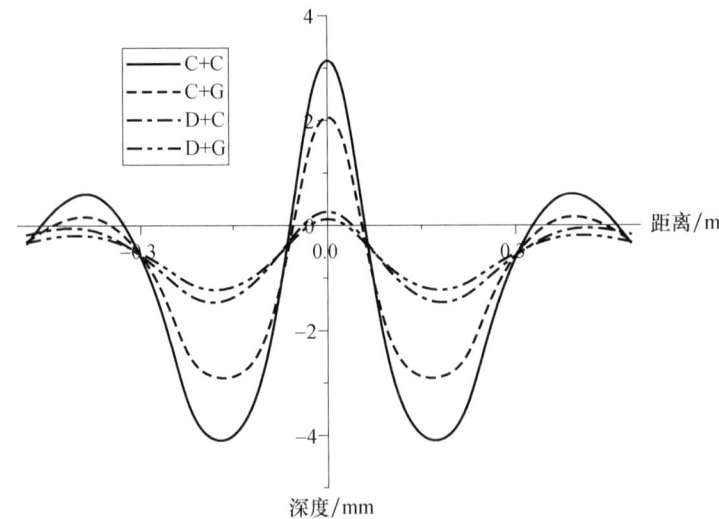

图 5.8　强化传热复合路面路表车辙深度变化曲线

从图 5.8 可以看出，灌注式沥青路面和钢纤维的添加使得车辙深度减小。由温度场分析可知，低导热上面层和高导热下面层的应用可以进一步降低路面温度，而且水泥基灌浆料和钢纤维均可以提高沥青混合料的力学性能。因此，D+G 的路面结构形式具有最好的抗车辙效果。与普通路面相比，强化传热结构使整个面层产生的最大变形量减少了 69.7%。综合来看，强化传热结构可以大幅降低沥青路面结构产生的车辙深度。

5.5 本章小结

本章分别进行了灌注式低导热沥青路面用于上面层、钢纤维沥青混合料用于下面层以及灌注式沥青路面+钢纤维沥青混合料复合应用的温度场和车辙深度模拟。主要研究结论如下：

（1）灌注式沥青路面可以减少热量向路面传递，降低路面不同深度处的温度，同时还能提高路面的抗车辙性能。与普通路面相比，GAC-13-30% 结构的应用使得整个面层产生的最大变形量减少了 66.9%。

（2）下面层添加钢纤维加速了热量向路基传递，使得上面层温度整体降低，从而提高路面的抗车辙性能。与普通路面相比，1.0% CH-SF 的掺入使得整个面层产生的最大变形量减少了 30.1%。综合来看，为了使整个沥青路面结构产生的车辙深度减小，推荐使用 1% 掺量的 CH-SF。

（3）在路面不同深度处，强化传热复合路面结构的温度都明显低于其他类型路面结构。与普通路面相比，D+G 的路面结构形式具有最好的抗车辙效果，强化传热结构使整个面层产生的最大变形量减少了 69.7%。

6

基于强化传热的沥青路面抗车辙提升技术研究的工程应用

6.1 项目工程背景

湖州市地处浙江省太湖边，按照气候分区属于 1-4-1 夏炎热冬温潮湿，是典型的夏季炎热的地区。近年来，湖州市夏季高温天气频繁发生，例如，2013 年 7 月至 8 月间，湖州市曾经出现了连续 21d 温度在 38℃ 以上的高温天气；2017 年湖州主要出现在 7 月 11—29 日和 8 月 3—7 日出现了持续的高温过程，其中 7 月 21—27 日连续 7 天最高气温超过 39℃，超过 35℃ 的高温天气总数达到了 35d。

截至 2020 年年底，湖州市共有北平线、沪聂线、新海线等 8 条普通国省干线公路，总计 473.6km。这些干线公路承担了巨大的交通通行任务，特别是随着重载车辆的增多，加上湖州市夏季炎热天气，沥青路面极易发生严重的车辙病害。除了能够影响行车安全性、增加维修费用外，车辙甚至能够引起路面的结构性破坏等其他次生病害。

近年来，湖州市以主要采用铣刨加铺和薄层罩面两种技术来处治路面车辙病害，其中铣刨加铺主要用于处理病害多且集中的路段，是最为常用的车辙处治方式。在这些铣刨加铺路段中，基本采用铣刨面层回铺 4cm 改性沥青 SMA-13 + 8cm 改性沥青 Sup-20 的方案。沥青路面车辙现象较以往有明显改善，但在重载交通量较大路段或平交路口等特殊路段车辙现象仍较为突出。

以湖州地区为例，2018 年全市干线公路路面车辙病害处治 41100m^2，投入资金 689 万元，占全市小修保养经费投入的 1/3。2016—2019 年全市 511.08km 的普通国省道累计实施养护大中修工程 354km，投资 4.2 亿元，其中车辙病害处治及修复是大中修工程的实施重点。

本项目将以 G318 沪聂线 K139+700 ~ K139+900 左幅路段养护项目（图 6.1）为依托工程，从改变加铺层上面层和下面层沥青混合料的导热性能出发，强化沥青路面内的取向传热方式，阻止上面层内热量向下面层传递，并加速下面层内热量向基层和路基传递，减少路面内的热量积累，降低路面内部温度。同时，优化加铺层沥青混合料的高温性能。通过上述两种方式，提高沥青路面结构的整体抗车辙性能。

在前期配合比设计的基础上，2020 年 8 月 17 日，项目组组织实施了试验段的铺筑。铣刨 6cm 沥青面层之后，分两种结构方案进行铺筑：（1）回铺 6cm Sup-20 沥青混合料并加铺 4cm 半柔性沥青混合料；（2）回铺 6cm Sup-20 钢纤维沥青混合料并加铺 4cm 半柔性沥青混合料。此外，在相邻路段铺筑 6cm Sup-20 沥青混合料并加铺 4cmSMA-13 沥青混合料，以进行温度场与车辙深度的对比，验证本项目方案的降温与抗车辙性能。

图 6.1　试验段概况

6.2 上面层配合比设计

6.2.1 混合料级配选择

根据灌浆技术供应厂家提供的经验配合比,确定 GCA-13 基体沥青混合料的 3 种级配 A、B、C,3 种级配设计组成见表 6.1。

表 6.1 级配设计组成 (单位:%)

级配类型	筛孔孔径(方孔筛)/mm									
	16	13.2	9.5	4.75	2.36	1.18	0.6	0.3	0.15	0.075
级配 A	100	85.8	18.9	7.3	6.7	5.4	4.4	3.7	3.2	2.4
级配 B	100	86.3	21.7	10.2	9.4	7.2	5.6	4.6	3.8	2.8
级配 C	100	86.8	24.5	13.2	12.0	9.1	6.8	5.5	4.4	3.1

采用初试油石比 4.2%,以马歇尔击实(双面 50 次)成型试件,试验结果汇总于表 6.2。

表 6.2 马歇尔试验体积性质技术指标表

	油石比/%	稳定度/kN	流值/(0.1mm)	空隙率/%	毛体积相对密度*	最大理论相对密度
级配 A	4.2	1.95	28.3	26.3	1.891	2.566
级配 B	4.2	2.69	31.6	24.2	1.930	2.546
级配 C	4.2	3.58	34.9	22.5	1.968	2.539
要求	—	≥1.5	20~50	20~30	—	—

注:*表示毛体积相对密度采用体积法测定。

综合考虑马歇尔试件空隙率、稳定度等性能指标要求,本次目标配合比设计选取级配 B 为目标级配。

6.2.2 最佳油石比确定

按比例称取矿料配制级配 B,采用 4.2%、4.2±0.3% 3 种油石比,制作马歇尔试件,进行马歇尔稳定度试验,试验结果列于表 6.3。

表 6.3 基体沥青混合料马歇尔试验结果

级配类型	油石比/%	稳定度/kN	流值/(0.1mm)	空隙率/%	毛体积相对密度*	最大理论相对密度
GCA-13	3.9	2.03	27.2	25.9	1.940	2.618
	4.2	2.69	31.6	24.2	1.930	2.546
	4.5	3.87	36.5	23.3	1.908	2.488
要求	—	≥1.5	20~50	20~33	—	—

注:*表示毛体积相对密度采用体积法测定。

结合实际工程情况,本次设计最佳油石比为 4.2%,且其他指标均满足设计要求。

6.2.3 性能验证试验

由于基体沥青空隙率大,因此,需要对基体沥青混合料进行析漏和(浸水)飞散试验,试验结果如表 6.4、表 6.5 所示。

表 6.4 析漏试验结果　　　　　(单位:%)

级配类型	油石比	析漏1	析漏2	平均	要求
GCA-13	4.2	0.169	0.165	0.167	≤0.3

表 6.5 (浸水)飞散试验结果　　　　　(单位:%)

级配类型	油石比	飞散率1	飞散率2	飞散率3	飞散率4	平均	要求
GCA-13	4.2	21.58	21.96	20.35	20.87	21.19	≤30

6.3 下面层 Superpave 配合比设计

6.3.1 级配初选

首先选出粗、中、细 3 个级配并估算 3 个级配的初始沥青用量,结果如表 6.6 和表 6.7 所示。

表 6.6 Sup-20 初选级配的筛孔通过率 （单位:%）

级配类型	筛孔直径/mm										
	26.5	19	16	13.2	9.5	4.75	2.36	1.18	0.6	0.3	0.15	0.075
级配 1	100	93.5	85.1	71.9	61.1	41.1	23.1	17.9	12.4	8.4	6.4	4.8
级配 2	100	92.2	86.5	79.2	61.3	41.5	24.5	16.4	11.1	8.3	6.1	4.8
级配 3	100	91.3	87.2	82.5	59.2	39.6	22.3	15.5	10.2	7.5	5.8	4.7

表 6.7 3 种级配的体积特性及初始沥青用量

试验级配	毛体积相对密度	表观相对密度	混合料有效密度	沥青用量/%
1	2.702	2.723	2.713	4.38
2	2.704	2.725	2.715	4.38
3	2.704	2.725	2.715	4.38

6.3.2 级配评价

3 种沥青混合料的旋转压实试验结果如表 6.8 所示。

表 6.8 3 种级配的旋转压实试验结果

压实次数	级配 1		级配 2		级配 3	
	试件 1	试件 2	试件 1	试件 2	试件 1	试件 2
Nini（8 次）高度/mm	126.6	126.6	127.8	127.6	125.9	125.8

续表

压实次数	级配1		级配2		级配3	
	试件1	试件2	试件1	试件2	试件1	试件2
Ndes（100次）高度/mm	115.4	115.4	116.2	116.2	114.2	114.2
毛体积相对密度	2.434	2.429	2.393	2.365	2.373	2.385
初始压实度/%	87.4	87.3	85.7	84.9	84.8	85.3
设计次数压实度/%	96.0	95.8	94.3	93.2	93.5	94.0
理论最大相对密度	2.536		2.538		2.538	

根据表6.8结果计算，3种级配在设计旋转压实次数后达到4%空隙率所需的沥青用量及相应的体积特性如表6.9所示。

表6.9　3种级配达到4%空隙率时估算的沥青用量及体积特性

级配	沥青用量/%	VMA/%	VFA/%	粉胶比	初始次数压实度（%）
1	4.43	13.2	69.7	1.29	87.3
2	5.29	15.4	74.0	1.18	85.2
3	5.29	16.1	75.2	1.19	85.1
Superpave标准		≥13	65~75	0.6~1.2*	≤89

注：*表示当级配通过禁区下方时，粉胶比可增加到0.8~1.6。

依据表6.9中的评价指标可以得出，只有级配1满足Superpave设计要求。本次选择级配1作为设计级配，设计沥青用量为4.43%。

6.4 路面施工

路面施工设备主要有：铣刨机、摊铺机、钢轮振动压路机、胶轮压路机、洒水车。施工流程为：①铣刨机铣刨原有路面；②撒布黏结料；③钢纤维沥青混合料拌制；④摊铺机摊铺下面层；⑤压路机静压至规定厚度；⑥压路机静压两遍；⑦轮胎压路机压实4~5遍；⑧半柔性灌注式路面施工。

6.4.1 铣刨与撒布黏结料

施工前需要对原路面进行铣刨，铣刨后的表面应具有好的平整度与构造深度，如图6.2和图6.3所示，铣刨速度应控制在5m/min左右。铣刨深度应控制在10mm，要求铣刨机前面始终保证一台自卸车，将传送带输出的铣刨碎料运出现场。

图6.2 铣刨中

图6.3 铣刨后

为了保证基层与面层之间良好的黏结效果，需要在铣刨后的基层上撒布一层黏结料，如图 6.4 所示。

图 6.4　撒布黏结料

6.4.2　钢纤维沥青混合料拌制

混合料拌和阶段，首先将钢纤维在人工投放窗口按照预定的质量直接投入拌锅内，并与集料和矿粉等进行干拌。由于钢纤维的密度远高于集料，因此，钢纤维的拌和均匀性对压实度控制至关重要。本次干拌时间延长至 9s，湿拌时间为 40s。

钢纤维的投放不需要额外的设备，由于拌和楼一锅拌和 2t，钢纤维的掺量为 1%，每锅需要添加钢纤维 20kg，因此，只需要人工将钢纤维整袋投放即可。如图 6.5～图 6.7 所示。

图 6.5　拌和楼以及按质量装袋的钢纤维

图 6.6　钢纤维投放入口　　　　图 6.7　工人投放钢纤维

6.4.3　混合料摊铺

为了避免再生层表面翘曲钢纤维对胶轮压路机造成损坏,建议初压 2~3 次,具体可视现场情况而定。同时,为保证钢纤维再生沥青混合料具有良好的压实效果,可增加 1~2 遍复压。混合料摊铺如图 6.8~图 6.11 所示。

图 6.8　摊铺机摊铺　　　　　　图 6.9　钢轮碾压

图 6.10　胶轮碾压　　　　　　图 6.11　摊铺碾压后

6.4.4 半柔性灌注式路面施工

(1) 大空隙沥青混合料拌和

严格控制沥青和集料的加热温度以及沥青混合料的出厂温度,储料仓的储料时间不得超过72h。沥青混合料的施工温度控制范围见表6.10。

表 6.10 沥青混合料的施工温度 (单位:℃)

沥青加热温度		150~170
矿料温度		比沥青加热温度高10~20
混合料出厂温度		正常范围140~165,超过200则废弃
混合料运输到现场温度		不低于120~150
摊铺温度	正常施工	不低于110~130,不超过165
	低温施工	不低于120~140,不超过175
碾压温度	正常施工	110~140 不低于110
	低温施工	120~150,不低于110
碾压终了温度	钢轮压路机	不低于70

(2) 大空隙沥青混合料运输

运输过程中需加强对沥青混合料出厂温度和运到现场温度的监测,混合料运输到现场时,表面温度下降幅度不得超过20℃。拌和机向运料车放料时,汽车应前后移动,分几堆装料,以减少粗集料的分离现象。

(3) 大空隙沥青混合料的摊铺

混合料摊铺应连续、稳定,做到缓慢、均匀、无离析、不间断地摊铺,且摊铺过程中运料车不得撞击摊铺机。

混合料压实前,施工人员不得进入踩踏。一般不允许人工找补整修。只有在特殊情况下,需在现场主管人员指导下,允许人工找补或更换混合料;缺陷较多,严重时应予铲除,并调整摊铺机参数或改进摊铺工艺。

(4) 大空隙沥青混合料的碾压

大空隙基体沥青混合料的摊铺以低吨位双钢轮压路机为宜,胶轮压路机作为辅助碾压工具,碾压次数可比普通沥青混凝土少一遍。

(5) 水泥灌浆料的制备与灌入

水泥灌浆料制备的设备一般用移动式搅拌机进行。灌浆料干料采用成品料,按照一定的水胶比加水拌和 2~3min，搅拌直至材料均匀一致，即可制成水泥灌浆料。

当大空隙基体沥青混合料冷却至 50℃ 以下，方可灌注水泥灌浆料。水泥灌浆料的灌注要迅速，且确保一次性灌满，尽量避免在开始硬化后二次补料。水泥灌浆料应在搅拌后的 5~15min 内使用，以免水泥灌浆料随着时间增长其流动度变小，影响水泥灌浆料的渗透效果。

6.5 试验段工后检测

6.5.1 温度传感器安装

在摊铺后,立即将温度传感器插入路面深度 4cm、7cm、10cm 处,其中,7cm 深度插入 2 根温度传感器,其余深度插入 3 根温度传感器,同一深度传感器的安装应该保持一定的距离,如图 6.12 所示。

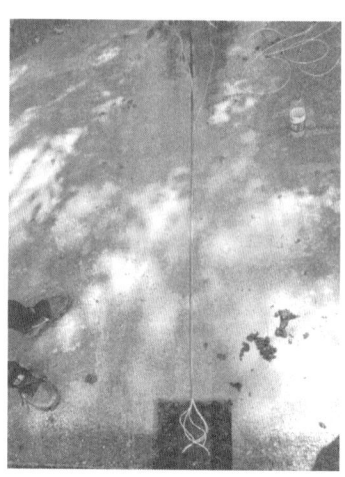

图 6.12 传感器的安装

全路段选取了 3 个探坑埋设传感器,其中:

1 号探坑所处路段:4cm 上面层半柔性路面 +6cm 下面层 Sup-20 沥青混合料(胶轮碾压 4 遍)。

2 号探坑所处路段:4cm 上面层半柔性路面 +6cm 下面层钢纤维沥青混合料(胶轮碾压 4 遍)。

3 号探坑所处路段:4cm 上面层半柔性路面 +6cm 下面层钢纤维沥青混合料(胶轮碾压 6 遍)。

6.5.2 温度检测过程与结果

从 8:00 直到 19:00,每隔半小时读取一次温度数据(图 6.13),其中路表温度由红外热成像仪进行测量(图 6.14)。

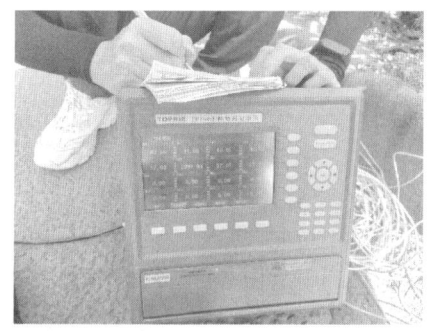

图 6.13 路面内部温度记录

图 6.14 路表温度记录

温度记录结果如图 6.15 所示。

根据温度检测结果,试验段的铺筑取得了良好的降温效果。其中:

(1)由于下面层添加了钢纤维,提高了下面层的导热系数,加快了热量在下面层的向下流动,进一步加快了上面层的热量传递,因此,从路表温度测试结果来看,在 14:00~15:00 之间(此时路表温度通常达到最高),2 号和 3 号探坑路表温度均降低了 1.1℃以上。

(2)从路面深度 4cm、7cm、10cm 处的温度结果来看,整个下面层的温度都有所降低,这主要是由于下面层导热系数的提高,热量快速地向基层传递,这对于缓解路面车辙现象是十分有利的,因为对于两层沥青路面来说,车辙主要发生在下面层。

具体来看,4cm 处的降温幅度最大,比起 1 号探坑,3 号探坑温度最高可降低 7.4℃,降温效果显著,并且 7cm 和 10cm 最高温差也可达 3.4℃和 3.3℃。而 2 号探坑的降温效果稍差于 3 号探坑,这主要是由于 3 号探坑所处试验段增加了两遍的压实次数,钢纤维沥青混合料的空隙率降低,因此,3 号探坑的导热系数要高于 2 号探坑。

根据现场检测结果,现场路面降温效果显著,特别是整个路面的下面层降温幅度更高。因此,采用强化传热的沥青路面结构来提升路面的抗车辙性能具有较好的可行性。

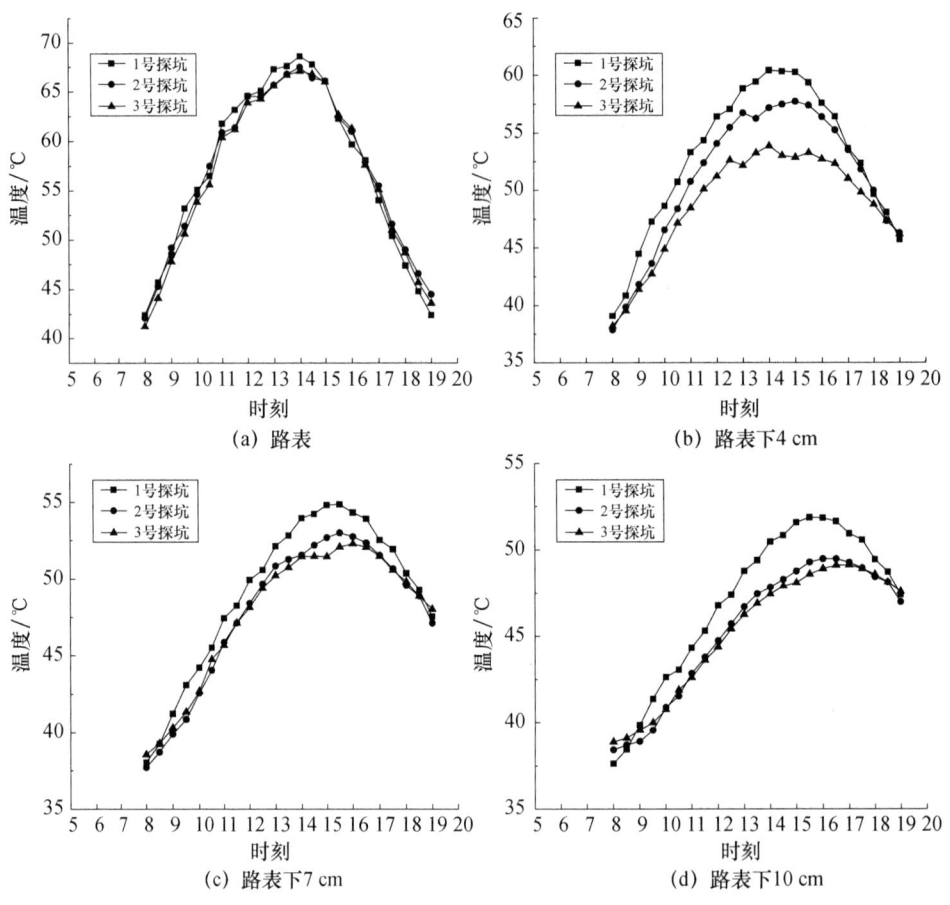

图 6.15　路面温度记录结果

6.5.3　试验段取芯及 CT 扫描

路面养护完成后，对 2 号探坑以及 3 号探坑所处路段进行取芯，检查芯样情况，如图 6.16 所示。

根据现场取芯试件的结果来看，取芯试件比较完整，无集料破碎情况且钢纤维能够均匀分布在沥青混合料中（图 6.17）。对取芯试件进行 CT 扫描，查看空隙率分布情况，如图 6.18 所示。

从 CT 扫描空隙率结果来看，由于上面层采用的是灌注式路面，空隙率的分布主要是和水泥浆的灌注饱满度有关，因此，两个试件呈现出不同的空隙分布规律。而对于下面层来说，2 号和 3 号探坑所处路段的空隙具有类似的分布规律，但 3 号探坑所处路段碾压遍数为 6 遍，因此沿深度方向，空隙率整体比 2 号探坑所处路段要小。

总的来说,钢纤维应用到实体工程中,适当地增加压实遍数是合理且可行的。

图 6.16　路面取芯

图 6.17　取芯试件

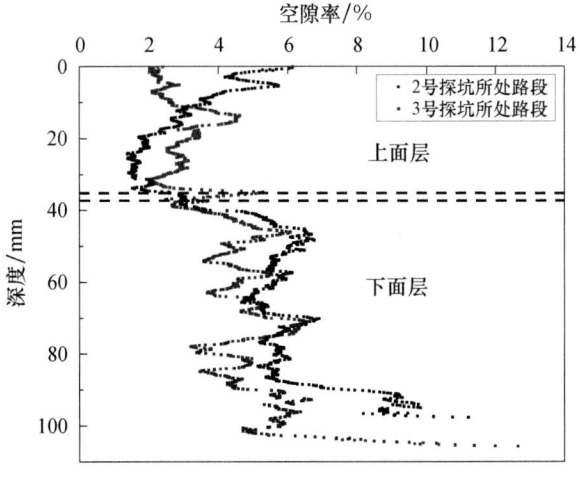

图 6.18　取芯试件空隙分布

6.6 试验段车辙跟踪观测

试验段于 2020 年 8 月竣工并投入运营,为了解基于强化传热的沥青路面抗车辙提升技术的抗车辙效果,对路面车辙深度进行了跟踪观测。

(1)项目组分别于 2020 年 10 月和 2021 年 4 月前往试验路段进行了车辙发展情况的跟踪检测,试验路段路表无破损及裂缝病害,未发现有车辙变形情况(图 6.19)。

图 6.19 车辙跟踪现场

(2)2021 年 7 月 14 日,至试验路段完工已经过去 11 个月,项目组再次前往试验路段进行检测,仍然没有发现明显车辙(图 6.20)。

图 6.20 2021 年 7 月车辙跟踪

（3）2021年9月15日，试验路段已经服役13个月，而且经过了一个完整的夏季。项目组再次对其进行了车辙检测（图6.21），发现路面平整度与车辙控制均良好，说明基于强化传热的沥青路面抗车辙提升技术体现出了良好的抗车辙能力。

图 6.21　试验段经历一个完整夏季后的车辙情况

6.7 社会效益与经济效益分析

6.7.1 社会效益

本项目设计的强化传热结构可适用于任何具有两层及以上沥青面层结构的干线公路以及城市道路工程。该结构的施工与普通沥青路面类似,不需要额外增加设备和工序。

从降温情况来看,强化传热结构具有持续降温的能力,并且不像热反射涂层那样易于磨损。路面降温不仅有助于提高路面结构的抗车辙性能,在城市地区还有助于缓解城市热岛效应,这对减少城市的资源消耗具有重要意义。

从抗车辙性能情况来看,与普通沥青路面相比,强化传热结构的阻热层和导热层材料均具有更优的抗车辙性能,并且随着路面结构内温度的降低,整个结构的抗车辙性能将极大地提高。沥青路面抗车辙性能的提高,意味着路面养护次数减少,一方面可以减少废旧料的产生,符合绿色路面发展的要求;另一方面,针对国道318有着巨大的交通量的现状,养护次数减少意味着对交通干扰次数减少,具有明显的社会效益。

6.7.2 经济效益

传统抗车辙结构维修方案与强化传热的沥青路面抗车辙提升技术方案造价比较如表6.11所示。

表6.11 造价比较表

传统方案		强化传热沥青路面结构	
项目	费用/(元/m^2)	项目	费用/(元/m^2)
4cm SMA-13	38.4	4cm 灌注式	120.0
6cm Sup-20	45.6	6cm Sup-20	45.6
—	—	钢纤维	24.5
合计	84.0	合计	190.1

与传统抗车辙维修方案比较，强化传热沥青路面结构方案初期每千米/每车道增加金额：$(190.1-84)$（元/m²）$\times 3.75$（m）$\times 1000$（m/km）$=397875$（元/km）。

根据第五章的车辙深度模拟结果，相对于传统路面结构，本项目设计的强化传热结构的抗车辙性能提高了69.7%。根据第三章的研究结果，由于灌注式混合料比SMA-13具有特别优越的抗车辙能力，虽然动态蠕变试验无法给出对比，然而根据项目组以往研究成果，灌注式混合料的60℃动稳定度达到15862次/mm，而SMA-13沥青混合料的60℃动稳定度为4580次/mm，前者约为后者的3.5倍。根据第四章的研究结果，1.0% CH-SF的抗车辙性能比普通沥青混合料提高了34.6%。根据现场采集到的温度场数据，强化传热结构4cm处温度可降低7℃以上。上述结果表明，通过混合料抗车辙性能提高和路面温度降低，强化传热结构的抗车辙性能将大大提高。

根据湖州市国道318交叉口的往年养护历史，若采用传统抗车辙维修方案，交叉口每年至少维修1次，即1年的服役寿命。根据前述分析，本项目的强化传热结构服役寿命至少可达到4年，折算到每年的养护成本为47.5元/m²，较传统抗车辙维修方案节省成本43.5%。强化传热结构每千米/每年节省造价为：$(84-47.5)$（元/m²）$\times 3.75$（m）$\times 1000$（m/km）$=136875$（元/km）。

项目组将继续跟踪现场试验段与对比路段的车辙发展情况。对试验段与对比路段的车辙发展进行对比，采用周期性成本方法评价本项目强化传热结构的经济效益。

6.8 本章小结

依托湖州 G318 沪聂线 K139+700～K139+900 左幅路段养护项目工程，对课题研究成果进行了实践验证，并介绍了钢纤维具体添加方式和具体施工流程，通过该实体工程表明了课题研究成果能较好地应用到具体项目中，抗车辙性能大幅度改善，解决了该路段路面容易产生车辙的问题。同时，通过对该项目的社会和经济效益分析，采用强化传热的沥青路面抗车辙提升技术处理沥青路面能延长路面的使用寿命，减少养护维修费用，并有利于环境保护。